FINISH!

フィニッシュ

必ず最後までやり切る人になる最強の方法

ジョン・エイカフ［著］ 花塚 恵［訳］

ダイヤモンド社

FINISH

by

Jon Acuff

This edition published by arrangement with Portfolio, an imprint [illegible] lishing
Group, a division of Penguin Random House LLC through Tuttle-[illegible]ncy, Inc., Tokyo

作家になるずっと前から私のことを作家だと言ってくれた、
父マークと母リビーに捧げる。

『FINISH！必ず最後までやり切る人になる最強の方法』

◯目次

第1章 人は「完璧が崩れた翌日」に挫折する……21

第2章

目標は半分にしろ

第3章

何を諦めるかは事前に決めておけ

第4章
やり遂げたいことを楽しいことにせよ……85

第5章

隠れ家から出よ、高尚な建前を捨てよ …… 127

第8章 終わりの日がやってきた……265

はじめに

退治すべき亡霊はほかにいた

２０１３年の私は、退治する亡霊を間違えていた。

その年、私は始めることを促す本を出版した。ソファから起き上がろうと呼びかけた。勇気を出して起業しようと訴えた。ダイエット、執筆でも何でもいい。「長年やりたいと思っていることを始めよう」と読者の背中を押した。

私はずっと、やりたいと思っていることを始めない最大の問題は、恐怖心という名の亡霊にあると思っていた。スタートラインから押しだしさえすれば、すべてうまくいく。恐怖心に打ち勝つには、始めるしかない。

だが、それだけではまだ足りなかった。

確かに、始めないことには始まらないので、始めることは大切だ。最初の数歩が重要であることも間違いない。しかし、いちばん重要かというとそうではない。

実は、始めること以上に重要なものがあるのをご存じだろうか？　それを前にしたら、始めることがバカバカしいほど簡単に思えて、もはやどうでもよくなる。

いったい何か？

それは「最後までやり切ること」だ。

✓ いつもやりかけてはやめていた

年を追うごとに、イベント会場で私を見つけて隅に引っ張っていき、こんなふうに尋ねる読者が増えている。「始められないことは問題じゃありません。私はさまざまなことを始めています。**でも、どれひとつやり切ったことがないのです。どうすればやり切れるようになりますか？**」

私は答えられなかったが、その答えは私自身にも必要だった。

やり切ったことがないわけではない。ハーフマラソンを完走し、本を６冊書き上げた。今日だってかなりきちんとした格好をしている。だがこれらはあくまでも、私のやりかけだらけの人生における例外でしかない。

家にある本は、10パーセント程度しか読み終えていない。90日間の自宅エクササイズプログラム「P90X」は、3年かかって6日ぶんしか進んでいない。23歳のときに空手の青帯を取得したが、最上位の黒帯とはおそらく76帯ほどの差がある。オフィスには使いかけのモレスキンの手帳が32冊、バスルームには最後まで使いきっていないリップクリームが19本ある。私の個人支出に唇を潤す項目が占める割合をファイナンシャルプランナーが見たら、言葉を失うだろう。

ガレージはもはや、使われなくなったものたちの霊廟と化している。望遠鏡（使ったのは5回）、釣り竿（使ったのは3回）、スノーボードと地元のスキー場のシーズンパス（使ったのは0回）。3年前に買って走行距離37キロの原動機付き自転車までである！　これは登録すらしなかった。私は、最後までやり切るということをかいくぐって生きているのだ。

ただし、それは私に限った話ではない。

調査によると、新年の誓いを立てた人の92パーセントが誓いを守り通せないという。1月になると、人は希望に胸を膨らませて何かを始める。今年こそは新しい自分になれると信じて。

しかし、始める人は100パーセントでも、やり切る人はたったの8パーセントしかいない。数字の上では、あなたが誓いを守り通す確率は、ジュリアード音楽院に入学してバレリーナになる確率と同じで狭き門なのだ。

私はずっと、自分の努力が足りないことが問題なのだと思ってきた。白い歯を輝かせたネット上のグルはみな、「どんどん突き進め！　自分を磨け！　寝るのは死んでからでいい！」と口を揃える。

しょせん、私は単なる怠け者なのだろう。

確かに、私のやり抜く力は異常なまでに低い。それを教えてくれたのは、アンジェラ・ダックワースが公開しているやり抜く力の診断テストだ。(注1)私の点数は低すぎて、スコアチャートに含まれていなかった。テストを最後までやり切ったことに対するボーナス得点があるべきではないか。それがあれば、私の点数も上がったのに。

その後、私は早起きを始めた。エナジードリンクは、馬の息の根を止めるほどの量を飲んだ。ライフコーチを雇い、スーパーフードを積極的に食べるようにもした。だが、何ひとつ効果はなかった。そういえば、カフェインを大量に摂取するようになったことで、まぶたを小刻みに震わせるという特技は身についた。まぶたが震えているときの私の目は、ものすごいスピードで手を振っているように見える。

「30日間ハッスル」の驚くべき効果

つらいことを必死に続けながらリンカーンのような偉人の域に近づく一方、私は30日間のチャレンジプログラムを作成してオンラインで公開した。「30日間ハッスル」と名づけたレッスン動画を通じて、目標を達成できずに打ちのめされた人々を救済しようと考えたのだ。

すると、偶然としか言いようのないことが起きた。ふつうこのような本では、偶然を偶然と認めることはしない。自己啓発書を書いていると、他人の未来を助ける資格があるように自らの過去を書き換えたい誘惑にかられるものだ。

たまたま成功したリーダーが当時のことを振り返り、成功までの道のりを10のステップに分ければ、「成功を手にできる10のステップ」というタイトルの本が書ける。だが、私がこれから話すことは、私が計画して起こしたわけではない。その出来事にいちばん驚いているのは、たぶんこの私だ。驚いたというよりも、それがうまくいったことが嬉しくてたまらない。

２０１６年の春、メンフィス大学の博士号課程に在籍するマイク・ピースリーという研究員から連絡をもらい、ある提案を受けた。

それは、30日間ハッスルを受講した人々を調査して、何に効果があり、何に効果がなかったかを分析させてほしいという申し出だった。調査で明らかになったことを論文にしたいという。それから数カ月にわたり、マイクは８５０人以上の受講者を調査し、本物のデータにもとづく確かな根拠を構築した。(注2)

これは私にとっては初めての経験だった。以前までの私は、２００３年あたりから広まった、「事実にもとづく根拠がなくても、ネット上では自分の都合に合わせて好きなことを言えばよい」という風潮に流されていた。

だが、マイクの調査でさまざまなことが明らかになり、私の最後までやり切ろうとするときのアプローチも、この本も、ある意味私の人生も一変した。

調査の結果、30日間ハッスルを最後までやり切った人は、ほかの目標を達成する確率が27パーセント高いことが判明した。これは励みになる結果だが、驚くほどではない。30日間にわたって何かに没頭したのだから、ほかのことにも没頭しやすくなるのは当然と言えば当然だ。

私が驚いたことは別にある。こちらはみなさんも驚くはずだ。**受講者の進捗は、プレッシャーがなくなるエクササイズを通じて飛躍的に改善した。目標の達成を徹底して邪魔する「完璧主義」を排除したことが功を奏したのだ。**パンツのサイズを落とす、ブログの更新頻度を上げる、昇給を得るなど、どんな目標でも結果は同じだった。完璧を目指さなくなるほど、受講者の成果は上向いた。

つまり、努力の問題ではないということだ。

自分をすり減らしても、問題は解決しない。

始めるばかりの慢性的な「スターター」だって、つねに最後までやり切る「フィニッシャー」になることはできる。

最後までやり切ることは、誰にでもできるのだ。

✓ やり切るスイッチをオンにしよう!

この本を手にとったとき、あなたはレッドブルのＣＭのような内容を想像したのではないか。いくつかの役に立つヒント、モチベーションを高める言葉、飢えた獣の目を手にする方法が並び、まだやれる、まだやれると背中を押す……。

はたしてそれで効果があるのか？　努力を重ねれば、最後までやり切れるようになるのか？　自分の生き方をもっと好きになれるのか？　生産性を高めるヒント、時間を効率的に使うコツ、ライフハックが少しでも役に立ったことがあるのか？

これまでも、これからも、答えはノーだ。

何かを最後までやり切りたいなら、とにかく完璧主義を追い払うことだ。そして、楽しむことを覚え、目標を半分にし、何を諦めるかを選ぶ。ほかにも、思いがけな

いことをいくつかやってもらうことになる。

この本には、意外に思うことがたくさん登場する。調査を通じて明らかになった、最後までやり切るために本当に必要なことは、一見しただけでは信じ難く、むしろ近道に感じるようなものがほとんどだ。ズルをするような気持ちになったり、「やったうちに入らない」と感じたりするかもしれない。

「近道」という言葉に対し、罪悪感を少々感じる人がいるのではないか。コーチや上司や親から言われた、「人生に近道はない」という言葉を思いだしただろうか？

それはそれで構わないが、罪悪感を感じるというなら、「今後グーグルは使わない」とここで約束してもらいたい。次に何か知りたくなったときは、国立図書館に手紙を書く。そして自分の舌で舐めて切手を貼る。シールタイプを使うのは近道だ。

ライト兄弟が飛行機のテスト飛行ができる場所を探すときも、基本的にはそのやり方をとらないといけなかった。(注3)

ふたりはワシントンDCにあるアメリカ国立気象局に手紙を書き、国内で最高の風が吹く場所はどこか尋ねた。すると、局員が調査して作成したレポートが届いた。ふたりはレポートを熟読し、ノースカロライナ州のバリアー島にあるキティホークをテスト飛行の地に選んだ。今度はキティホークの郵便局長に宛てて、島について詳しいことを教えてほしいと手紙を書いた。そして局長からの返信を待った。

当時のやりとりは、少なくともいまの時代の基準からすれば永遠にも思える時間がかかった。その時間が短縮されたのは、近道を使うようになったからだ。

マーサズ・ヴィニヤード島に暮らす人にオススメのビーチを尋ねることも、近道だ（ちなみに答えは「タシュムー」だ）。

集中したいときにノートパソコンのＷｉ－Ｆｉの接続を切ることも、近道だ。

ダイエット中に自宅にアイスクリームを置かないようにすることだって、近道だ。

始めるばかりで何ひとつ最後までやり切れないことにうんざりしているなら、このまま読み進めてもらいたい。まずは、どんな目標にとってもいちばん大切な日のことから話を始めるとしよう。

第1章

人は「完璧が崩れた翌日」に挫折する

✓ 流れが途絶えた翌日が危ない

モチベーションを高めるキャッチコピーには間違っているものがある。なかでも私のお気に入りは、「出だしがよければ半分終えたようなもの」。それともうひとつ、「ときには崖から飛び降りて、下降中に翼を生やさねばならない」だ。こちらのコピーには翼を生やしたオオカミの写真が添えられていて、私は混乱した。私の知る限り、翼を生やしたオオカミが動物界に存在したことはない。その写真が合成で本当によかった。オオカミに飛ぶ機能まで備わったらお手上げだ。

人はやたらと出だしの大切さを強調したがる。そんなことだから、目標の頓挫を決定づける肝心な日に失敗する。私が41年生きてきたなかで、その大事な日に触れる人にすら出会ったことがない。かく言う私も、ジョーズが襲った海辺にいまだ住み続ける人たちと同じくらい愚かだった。映画『ジョーズ』の続編を、『ジョーズ2』と呼ぶのはいかがなものか。続編を製作するなら、「ジョーズに襲われた海辺で暮らす人々が、サメのいないオハイオへ引っ越す」話にしたほうがよかった。おそらくヒットはしないだろうが、サメの被害に再び遭うことは避けられたはずだ。

目標を達成するために入念な計画を立てた人や、新しいスニーカーを買った人、新しいダイエット法やビジネスプランを手に入れた人が、肝心な日に失敗するとどうなるか。私はコストコで黒豆の缶詰を買えなくなった。

といっても、私には売らないという経営的判断が下されたわけではないので、店に行けば売ってもらえる。もっとも、私には試食品に手を出しすぎるところがある。あるとき、コストコでオレオクッキーが試食品として配られていた。それを受け取った7人のアメリカ人は、オレオを食べるのが初めてだった。おかげで、私も初めて食べるフリをしないといけないような気持ちになり、オレオを手渡してくれた店員とぎこちない会話を繰り広げることになった。「これは何という食べ物ですか？ チョコレートクッキーサンド？ え、違う？ オレオ？ へえ、オレオっていうんですか。変わった名前ですね」

黒豆の缶詰を買えないのは、コストコではケース売りしかしていないからだ。1缶だけは買えず、買うならケースに入っている缶をすべて買わないといけない。

ケースで買えばかなりの量になるが、その量が必要に思えることが、私には少なくとも年に一度はある。

運動をしていて、「本気で身体を鍛えるぞ」と決意する。そうすると、ティモシー・フェリスの『「週4時間」で最強ボディを手に入れる（未邦訳）』に、タマゴと黒豆とほうれん草とクミンとサルサを朝食にとるのがオススメだと書いてあったのを思いだす。(注4) そして黒豆を探して戸棚をガサゴソしていると、家族が一斉に文句を言いだす。**「あーあ。また始まった」**

家族は知っているのだ。私がこれから12日連続で黒豆を食べ続けるということを。なぜ12日間だけなのか？　13日めは決まって忙しくなるのだ。会議があったり、出張が入ったりして、黒豆を食べずに家を出る。**そうして1日食べ損なえば、私は黒豆を食べるのをピタリとやめてしまう。**

一度流れが断ち切られたら、戻ることはできない。記録は途絶えたのだからすっぱりやめてしまえ、となるのだ。しくじったときにこうなる人は、驚くほど多い。

目指していたことを途中でやめた理由を尋ねて回ると、こんな答えが返ってくる。

「遅れをとってしまい、挽回できなかった」

「余計な邪魔が入ったせいで、計画が狂った」

「計画が脱線し、収集がつかなくなった」

使っている言葉は違うかもしれないが、どれも結局は同じだ。**要は「完璧でなくなったから、続けることもなくなった」のだ。**


ダイエットを1日し損ねたから、続けるのがバカバカしくなった。

忙しくて朝の日課の執筆が1日途絶えたから、書きかけの本を棚にしまった。

レシートを1枚なくしたので、家計簿をつけなくなった。


なにも、完璧にできないことを責めるつもりはない。私だって途中で投げだしたことは何度もある。ある年の2月、私は120キロ走った。そして3月には114キロ、4月には117キロ走った。ところが5月は13キロしか走らなかった。さて、6月は何キロ走ったと思う？ 5キロだ。

なぜそうなったのか？ 3カ月続いた流れが滞ったからだ。

✓完璧にできなくて当たり前

これが完璧主義にまつわる1つめのまやかしだ。**「完璧でなくなったらやめてしまえ」というのは間違っている。**

このまやかしは、「完璧でなくなった時点で」としないところが実に狡猾だ。「時点で」と言えば、現実にはまだその時点に至っていないという言い訳を許すことになる。だから、「なくなったら」という曖昧な言い方をしているのだ。

完璧主義というのは厄介だ。誰だって、目標を達成するときにBやCは取りたくない。欲しいのはオールAだ。それが前々からやり遂げたいと思っていた目標となれば、その気持ちはいっそう強くなる。だから、完璧でなくなるしくじりや不備を見つけたら、嬉々として諦める。それどころか、始める前からやめてしまうことだってある。

新たな目標に向かってスタートを切らない人がとても多いのは、こうした理由があるからだ。そういう人は、**半分の結果しか得られないくらいならゼロでいいと考える。**「完璧しか認められない」と信じ込んでいるので、完璧にできないなら最初の一歩すら踏みだそうとしない。「やってどうなる?」という陰気な感情が厚い霧のように立ち込める。やろうとしなければ、失敗は絶対にない。

この本を書くにあたって、私はインターネットで「アイデアを思いついたが大したものではないと判断し、書きとめもしなかったことがあるか」と問うアンケート調査を実施した。私はずっと、紙に書きだす前の段階でアイデアを振り分けてしまうという完璧主義のフィルターを持っているのは私くらいではないかと思っていた。ところが、「やったことがある」との回答が97パーセント以上を占めた。

実に言いづらいことだが、あなたはきっと目標を完璧に達成することはできない。

こんなことを伝えるのは本当に胸が痛むが、あなたは失敗する。**たぶん何度も失敗する。**最初の一歩を踏みだしたとたんに失敗することもあるだろう。ときにはスタート地点でけつまずくことだってある。

だがそれでいい。

私は完璧でないことをオススメしたい。なぜか？　**まず、完璧にできなくても死にはしない。**だがそう思っている人が多いから、ものごとが進まないときに「計画が脱線して再び軌道に乗れなくなった」などと電車の事故を引き合いに出す。電車の脱線は深刻な大事故だ。多くの場合、人が亡くなり、何十万ドルという被害が発生し、復旧に数週間とまでいかなくても数日はかかる。

では、いまあげたなかで、目標を1日守れなかったときに起こることはどれか？　どれも起こらない。誰も死なないし、再び軌道に乗せるのに40万ドルかかることも、4週間かかることもない。

「いっそのこと」は危険なフレーズ

何かと始めたがる「スターター」から、始めたことをつねに最後までやり切る「フィニッシャー」に変わるには、完璧にできないことへの耐性を身につけることがカギとなる。スターターは、完璧でなくなった翌日にやめてしまう。「やってどうなる？ 流れはもう途絶えた。ならば、とことん過ちを犯すほうがいい。**昨夜どか食いしたのだから、いっそのこと今日は3食ともどか食いしてやる**」

この「いっそのこと」というのは非常に危険なフレーズだ。いいことで使われることは絶対にない。「いっそのこと、ここにいる孤児を全員助けよう」や「いっそのこと、このコミュニティガーデンに何か身体にいいものを植えよう」とは言わない。たいていは、「フライドポテトを1本食べてしまった。ならばいっそのこと、全部食べてしまえ」というように、降伏の白旗をあげる文脈で使われる。

この種のことは、完璧でなくなった翌日に口にする。その日はとても厄介だ。「はじめに」で話した30日間ハッスルで、もっとも脱落者が多いのは何日めだと思う？　23日めや15日めと予想する人がほとんどだが、いずれも正解とは程遠い。

もっとも多いのは2日めだ。そう、プログラムの一環として届くメールを開かない人がいちばん増えるのが2日めなのだ。なぜその日なのか？　完璧はとても崩れやすいからだ。月曜日の朝に出社して席についたとたん、「9時じゃないか。すでに遅れをとっているとはどういうことだ？　もう今週は台無しだ」と思ったことがある人は多いのではないか。

完璧でなくなるのはあっという間だ。そうなれば、たいていは投げだしたくなる。だからこそ、完璧でなくなった翌日はとても重要な意味を持つ。

どんな目標も、達成するかしないかはこの日にかかっている。ジョギングを休んだ翌日。早起きし損ねた翌日。クリスピー・クリーム・ドーナツ1箱をドーナツ1個に数えた翌日が肝心なのだ。

少しでも前へ進めばそれでいい

完璧でなくなった翌日が、フィニッシャーになるかスターターのままで終わるかの分かれ目となる。

目標を達成することは、電車で目的地に向かうのとは違う。むしろ、遊園地などでぶつけ合って遊ぶバンパーカーを運転するのに近い。ときには、一度もぶつけられることなくコースを一周する。そんな日は、何ものにも邪魔されず、バンパーカーを速いとすら感じる瞬間が生まれる。一方で、想定外のことが起きて自分ではどうにもできない状況に追い込まれ、壁に叩きつけられる日もある。あるいは、ほかの車の集団に行く手を塞がれて、5歩後退させられたような気分になる日もある。

これが現実だ。

あなたが完璧になることは、これからもない。しかし、そうなるよりもっと重要なことがあるのをご存じだろうか？ **完璧主義なんかより、はるかに役に立つものが何かわかるだろうか？**

不完全ながらも前に進むことだ。

完璧でなくなった日のことを、「失敗した日」ととらえるのはやめよう。

それは事実ではない。

またやり直せばいいだけの話だ。

その日からでも、翌日でも、翌週でもいい。

残念ながら、完璧主義は簡単には消えない。かなりしつこいうえに、美徳のような顔をしているところがとても危険だ。この章を読んでいて違和感を覚えるなら、完璧主義の反対を「失敗」だと思っている証拠だ。だがそれは違う。**完璧主義の反対は「やり切る」ことだ。**

この本でも人生でも、あなたの前には2つの扉が立ちはだかる。ひとつには「やり切る」と書いてあり、扉の向こうには無数の冒険、チャンス、ストーリーが待っている。もう一方には「完璧主義」と書かれ、その向こうには、苛立ち、不名誉、満たされなかった希望といったかたい煉瓦の壁が待ち受ける。

目標に向かって努力を始めたのに最後までやり遂げられないと、自分が本当に嫌になる。これが何よりもつらい。

目標の設定は、自分自身への約束だ。体重を数キロ落とす。クローゼットを整理する。ブログを始める。古い友人を訪ねる……。目標を設定した瞬間、心のなかで約束が生まれる。実行しなかったら、その約束は守られない。誰よりも一緒にいる人物にウソをついたことになる。つまりは自分自身だ。

約束を何度も破れば、自分自身を疑い始める。そうなるのは当然だ。コーヒーでも飲もうと約束して現れないことが十数回もあれば、その人物を信じられなくなる。サッカーの練習が終わる頃に迎えに行くと約束した父親が来なければ、父親を信用できなくなる。昇進を約束されたのに何カ月たっても実現しなければ、上司を信じられなくなる。

新年に立てた誓いを破る人が大勢いるのはなぜか？　前の年も、その前の年も、そのまた前の年も破ったからだ。**そうやって何度も破り続けていれば、新たに設定した目標を途中で投げだすことは、もはや可能性ではなく自分のアイデンティティとなる。だからひどく落ち込む。**

✓（小さくても）進歩をちゃんと認めよう

目標は、達成できたものより達成できなかったもののほうが記憶に残る。途中で投げだすというアイデンティティは、まだやり遂げていないという感情を生み、あなたを苦しめる。単に苦しいというだけではない。レコードについた傷や道路にできた穴のように、閉じなかったループのことをいつまでも忘れさせてくれない。目標を設定して途中で投げだすと、誰もがこういう状態になる。

反対に、大事に思っていることをやり切ったときは最高だ。始めるときも高揚感は生まれるが、最後までやり切ったときの比ではない。初めて5キロ走り通せたときのことはいつまでも覚えている。かかった時間は一切気にならない。完走したのは間違いない。ゴールラインを越えることができ、毎日のトレーニングが報われたのだ。学位、起業して初めて稼いだお金、「パートナー」の肩書きが入った名刺など、達成することの大小は関係ない。やり切ったときの気分は本当に素晴らしい。

完璧主義は困ったことに、間違いを誇張し進歩を矮小化する。小さな積み重ねを成功とはとらえない。完璧主義にとって、目標は砂上の楼閣のようなものだ。ひとつ間違えば、すべてが崩れ去る。たったひとつのごく小さなつまずきを、ゴールそのものを台無しにするものとみなす。

また、完璧主義は人に高すぎる目標を設定させるという側面も持つ。新年の誓いを92パーセントの人が守れない理由はさまざまあるが、とりわけ多くの人に当てはまる理由は、それだけ人を惑わす力が強いものだと言える。

目標は、何かをよくする目的で設定する。周りからよく思われたい、自分をよく思いたい、成長したい、と人は思う。しかし、しだいにその気持ちが最高の自分を求めるようになる。**小さな成長では満足できず、一夜にして大きな成功を手にしたいと望むようになる。**

フルマラソンを走れるのに、5キロ走る目標を立てる人はいない。宇宙からやってきたオオカミ人間のゾンビが恋に落ちる3部作の小説（タイトルは『満月に恋満開』）を書けるのに、本の概要を書いてみようと思い立つ人はいない。10万ドル稼ぐ力があるのに、1万ドル稼ごうとは思わない。

私は実在する例について調べるため、フェイスブック上で完璧主義について尋ねた。すると、友だちのひとりからこんな返答が届いた。「僕の場合は、自分にも何かできるという気持ちが生まれるところから始まる。それが盛り上がって夢を抱く。最初のうちは自信たっぷりで、すべてがうまくいくとしか思っていない。そして夢は大きくなっていき、完璧を求めるようになる。**そうなったとたん、夢が大きくなりすぎて何から手をつけていいかわからなくなり、自分にはできないと感じる。**そこで夢は消え、目標は忘れ去られる。幸い、いま書いたことのほとんどは、僕の心のなかだけで起きることだ。実際に何かを始めたことは一度もない」

生まれつきこの友人と同じように考える人でなくても、巷にあふれる「夢を追いかけ、目標を実現する」ストーリーに影響を受けてそうなってしまう人は多い。

モチベーションを高める本を執筆したある著者は、「うまくできるようになりたいことを完璧にやっている自分の映画」を心に思い浮かべることを推奨している。(注5)

ここでも「完璧に」という言葉が使われている。要は、自分が何かを完璧にやっている想像上の映画を何度も心に描くのだ。そうするうちに、映画のなかに入り込んで完璧にやっている感覚を本当につかめるようになるという。そして映画を観終えたら、映画のスクリーンを「クラッカーの大きさ」に縮小せよとの指示が続く。

この「自分の目標を想像上のクラッカーにする」というくだりを初めて目にしたとき、私はデスクの前で声を上げて笑った。この指示の結末を予想しながら読み進めると、予想どおりのことが書いてあった。

「クラッカーにしたら、それを口に運んで噛み砕いて飲み込みましょう」

今後、モチベーションアップに関するアドバイスはなぜ受け入れ難いのかと感じることがあれば、このクラッカーの話を思いだすといい。きっと納得できる。

完璧にやろうとするほど、目標の達成から遠ざかるのが現実だ。

後ろ向きな意見に思えるだろうが、これはさまざまな調査を通じて繰り返し主張されている意見だ。

これであの悪魔がおとなしくなればいいのだが、残念ながら完璧主義は簡単には折れてくれない。この程度ではびくともしない。私たちの無意識に深く入り込んでいるので、取り除くことは困難を極める。

だから、この先も、完璧主義が最大の敵として何度も登場する。

目標を立てると、完璧主義は何としてでもそれを阻止しようとする。目標を立てるたびに、スネを蹴り、昼食代をかすめとり、疑いの気持ちを植えつけようとする。

なぜこんなことが言えるのかというと、私自身がそういう目に遭っているからだ。私だけではない。目標を達成しようとした知り合い全員が同じ目に遭っている。

だが心配はいらない。ほとんどの人はまだ知らないが、あなたは知っている。目標にとっていちばん大切な日は、1日めではないということを。

肝心なのは完璧でなくなった翌日だ。そうとわかれば、次にその日を迎えるときには心の準備ができている。

最初はつらく嫌な思いをすることもあるだろう。それを耐え忍べるようになれば、完璧でなくなった翌日を乗り越えられるだけの力がつく。自分との約束を守れるようになる。そして、最後までやり切るフィニッシャーになれる。

第2章

目標は半分にしろ

✓大きすぎる目標に注意

大学1年生のとき、私は大学のアメリカンフットボールチームのトライアウトを受けようとした。何といっても身長170センチのぽっちゃり体形だ。受けない手はない。いよいよトラがジャングルに戻るときがきた。

ポジションは、フィールドゴールを蹴るプレースキッカーがいい。そう決めた私は、専門店に行ってボールスタンドとボールを買った。そして、夜更けになってからアラバマ州バーミンガムにあるフットボール場に忍び込み、ボールを蹴る練習をした。

フィールドゴールを一度でも蹴ることはできたか？　できなかった。1ダウンに相当する時間をプレーし続けることができたか？　できなかった。深夜の練習で、一度でもゴールを決めることはできたか？　これもやはりできなかった。

何もできなかったというのに、なぜ私は一部リーグに属する大学の、それもオーバーンのような強豪チームと試合をすることもあるようなチームのプレースキッカーになれると思ったのか？

私は変わり者なのだ。

それにしても、あれは本当にバカげた目標だった。

私ほど無謀な人はいないと思うが、誰しも自分に少々不釣り合いな目標を立てることはあるのではないか。


目標を立てるとなると、人はなぜか特大サイズに設定しようとする。


それはなぜか？

完璧主義のせいだ。

目標を立てているあいだ、完璧主義はずいぶんとおしゃべりになる。**最初のうちは、完璧にできることなど何ひとつないのだから、何も始めるべきではないとささやく。**「時間をムダにして失敗するくらいなら、いまのうちに諦めたほうがいい」

そして、始めるべきでない理由を次々に並べ立てる。もう若くない。まだ若すぎる。忙しすぎる。これ以上目標を増やしたら、どれにも力を注げなくなる。十分なお金や支えがない。それを成し遂げた人は、おまえより頭も歯並びもいい……。

この最初の関門を突破して何かを始めると、完璧主義は攻め方を変える。今度は、完璧にやらねばならないと強調する。完璧でなければ認められないと念を押してくる。

この「完璧にせよ」戦法は、筋が通っているように思わせるところが秀逸だ。何かしようと思ったら、目を見張るような成果をあげるべきではないのか。伝説にならないといけないのではないか。

「偉大なことをしないなら、尻尾を巻いて帰れ！」と完璧主義は言う。

これもまた、完璧主義の罠だ。**「目標は大きくあるべき」というのが、完璧主義の2つめのまやかしである。**

目標が大きいと気分がいい。目標が大きければ大きいほど、それを想像して逸《はや》る気持ちも大きくなる。だがあえて、私は反対のことを推す。

目標は半分にしてもらいたい。

やり遂げることを減らせという意味ではない。**目標を半分にしたほうが、実際にはより多くを成し遂げられるようになるのだ。**

目標を半分にすれば達成できるし、さらにやりたくなる

詳しく説明しよう。目標を立てた当初は、興奮が最高潮に達しているので必ず成功すると思っている。だから、100メートル走すら走ったことがないのに、フルマラソンに挑戦すると言いだす。そういう人に出くわすと、私は穏やかにこう問いかける。「ハーフマラソンを走ったことは？　5キロは？　1キロくらいなら走ったことがあるとか？　子供の頃に徒競走で勝ったことは？」

決まって答えはどれも「ノー」で、まともに走ったことは一度もない。それでもマラソンに出ると言って聞かない。

なぜ新年の誓いを守れない人が92パーセントもいると思う？

それは、呆れるほど甘い気持ちで目標を設定するからだ。

私たちに見受けられるそうした傾向は、「計画錯誤」と呼ばれる。(注6)これについて最初に研究したのは、心理学者のダニエル・カーネマンとエイモス・トヴェルスキ

ーだ。ふたりの説明によると、**計画錯誤とは「未来のタスクを完了させるのに必要となる時間に楽観バイアスがかかり、必要な時間を少なく見積もる現象」のことだという。**

人が計画錯誤の餌食になりやすいことを実証する研究は数多い。とりわけ卒業論文の作成を控えた大学4年生を対象にした実験は、私のお気に入りのひとつだ。

心理学者のロジャー・ビューラーは、卒業論文を書き終えるまでにかかると予想される時間を学生に尋ね、最短と最長の両方を提出させた。(注7) すると、予想時間の平均は34日となった。だが現実には、56日という2倍近くの時間を要した。

本当に面白くなるのはここからだ。最長の見積もり時間以内に卒論を書き上げた学生の数は、半分にも満たない。すべてがうまくいかない最悪の事態ですら、正確に見積もれていなかったのだ。

どんな目標を立てるときも、計画錯誤が必ず頭をもたげる。私の友人のひとりは、23歳のときに何か大きなことをしようと考えた。ルームランナーで走るか、気が向いたときだけ参加するサッカーの試合くらいでしか走った経験はなく、泳ぎに関してはせいぜい月に1、2回プールを数往復するくらいで、自転車はジムのエアロバイク以外に乗ったことはない。そんな彼が、何をすると決めたのか？　テキサス州サンアントニオで開かれる、ミドルディスタンス（トータル113キロ）のトライアスロンへの出場だ。

「8カ月あるから、計画的にトレーニングすることにした。もともと平日に毎日ジムに通ってウエイトトレーニングをしていたから、走ったり泳いだり自転車を漕いだりだったら楽勝でできると思った。誰だってそう思うだろ？　計画も立ててたし、準備は万端に整えたはずだった。でも結局、二度とジムに行かなくなった」

なんと、それまで習慣となっていたことが、新たな目標のせいで壊されたのだ。

向こう見ずな目標を立てる前の彼は、平日は欠かさずジムに通っていた。それが、トライアスロンに出場しなかったばかりか、以前から習慣になっていたことまですべてやめてしまった。目標の大きさを間違うことの破壊力は、これほど凄まじいものなのだ。

モチベーションを高めるフレーズというと、壮大な滝の写真に筆記体で書かれた威勢のよい言葉が思い浮かぶが、最初から目標を大きく抱きすぎると、やり遂げるのが難しくなる。

それはデータが証明している。

30日間ハッスルの9日めになると、目標を半分にするようにという通達が受講者に届く。これは、私をはじめとする慢性的なスターターはとりわけ、所定の時間にやり遂げられることを過剰に見積もるところがあると想定しているからだ。向こう見ずな目標であっても、達成できないとがっかりする。そうすると、途中で諦めて達成せずに終わってしまう。

たとえば、10キロ痩せることを目標にしていたのに8キロしか痩せなければ、目標に2キロ満たなかったことになる。

「月を狙って撃て。たとえはずれても、近くの星には当たる」という古い格言を信じている人は多いが、現実はそうはいかない。「オール・オア・ナッシング」を掲げる完璧主義が、近くに当たったって意味がないとささやく。完璧主義にとって、星に当たるだけでは十分ではないのだ。

それを真に受ければ、当然やめたくなる。**だが、目標を半分の5キロにしたうえで8キロ痩せたら、目標を達成したということでダイエットを続けたい気持ちは高まるだろう。目標を半分にしてもしなくても、落とした体重は同じだが、目標を半分にすれば、ほぼ確実に最初の目標は達成できるので、残りも頑張ろうと思える。**

「目標を半分にする」は、ジムの壁に描かれている類いのスローガンとは違う。ズルをしているような気持ちになるかもしれないが、結果的には効果がある。

30日間ハッスルの研究レポートが送られてきたとき、私はひとつの結果に目を奪われた。目標を半分にした参加者のパフォーマンスが、過去によく似た目標に取り組んだときと比べて平均して63パーセント以上も向上したのだ。

それだけではない。目標を半分にした受講者の90パーセントが、目標に対するモチベーションが高まったと答えている。目標を半分にしたことで続ける気持ちが後押しされ、半分になった目標は達成できそうだと思えたことから、もっと頑張ろうという意欲が生まれたのだ。
こうして、目標を半分にするという近道を選んだ人たちは、目標を達成した。
私の言葉を鵜呑みにしてほしくないので、実際に目標を半分にした人たちの声をいくつか紹介しよう。

「300ワード以上のブログ記事を毎日投稿し、30本のブログを書きました。その後、最低ラインを一日100ワードに下げました。それでも頑張りましたよ。30日のうち28日は300ワード以上のブログを書き、残る2日も100ワード以上書きました。そもそも目標は書くことだったのですが、ちゃんと毎日書きました！」

「私はいつも身の丈以上のことに手を出してしまうので、目標を半分にするという指示はありがたかったです。当初は4回の模様替えを目標としていましたが、多大な時間を要するのでとても無理でした。当初の目標は達成できなかったけれど、1カ月前に比べるとずいぶん前に進みました。いまは次の段階を目指して頑張っています。おかげで、思ったことが実現するツールを手にしたような気持ちです」

「6キロ痩せました！　本当は10キロ痩せたかったのですが、目標を半分にしたおかげで、目標を上回る結果を出せました！　また30日頑張ります！」

何が起きたかおわかりだろうか？　**彼らは目標を半分にしてもそれ以上に成果をあげた。しかも、もう一度やりたい気持ちにかられている。**こちらが何よりも重要だ。目標を半分にするというと、気弱なやり方だと思う人がほとんどだが、背伸びした目標を無理やり達成させようとするスパルタ方式では、「ペース」の重要性が忘れられてしまう。

目標の達成はマラソンだ。決して短距離走ではない。私の導きに従って1カ月のあいだに目標の一部を達成することに努め、実際に達成した人は、翌月はもう少しばかり努力を増やして、より多くを成し遂げようとする。このやり方は、1年、いや一生を対象にしたとしても、「1カ月死ぬ気で取り組む」やり方に必ず勝つ。

1カ月死ぬ気で取り組んだところで、目標を見失って途中で諦めるか、目標を達成したとたんに燃え尽きて、そこでやめるかのどちらかに終わることがほとんどだ。

いずれにせよ、無理のないペースで取り組むことの効能は、先に紹介した体験談のいちばん最後の人の最後の言葉を見ればよくわかる。**「また30日頑張ります！」**。これ以上の言葉はない。

✔ 半分にできないときは

クレジットカードで5万ドルの負債を抱えていて、その返済が目標だとしよう。これを半分にすると、2万5000ドルしか返済が終わらず、少々どころかかなり青ざめたくなるのではないか？

目標には半分にしづらいものもある。**そういう場合は半分にはせず、期限を延ばせばいい。**返済にかける時間を倍にしたときの最悪の事態は何か？ 利息が少々増える。だがそれでも、負債はなくなる。勘違いしないでもらいたいが、選択肢は、「完璧にやり遂げる」か「目標を半分にする」かではない。**「目標の大きさに負けて途**

中で投げだす」か「目標を半分にしてやり遂げる」かのどちらかだ。

みなさんには、目標を立てて途中で投げだす92パーセントに入ってほしくない。期限を延ばせば入らずにすむなら、期限を延ばすべきだ。

「目標を半分にする」と「倍の時間をとる」は、ほとんどの目標に適用することができる。

もちろん、薬の摂取や人命がかかわる目標は、どんな場合でも半分にしてはならない。また、同僚の顔面にパンチをお見舞いしないことが目標の場合も、半分の力にすれば好きなだけパンチしていいことにはならない。ほかにも、レースに向けてトレーニングを行う必要があり、厳しいトレーニング計画がある人は、その計画を尊重してほしい。レースに向けた計画は、半分にするのに適さない。専門家が計算して作成した計画は、すでに目標として大きくなりすぎないように調整されている。

半分ルールは仕事の目標にも適用できるか？

職場で上司から指示された仕事については、半分にするには適さないケースがある。たとえば、社員としての年間目標を個人の一存で半分にできるとは思えない。とはいえ、個々の社員に決定権のない会社全体としての目標に関しては、目標設定を低くしたほうが、会社の業績は長期的に向上し、個々の社員が最初から適切な目標を立てやすくなるという調査報告がある。

私がかつて働いていた会社には優れた商品がひとつあり、それを20年かけて売って年商500万ドル企業となった。そしてある年、CEOが会社の新たな目標として、試験もまだ終わっていない新製品で、5年以内に年商をさらに500万ドル増やすことを掲げた。この挑戦的な取り組みが発表されたとき、役員室では全員が笑顔だったが、会社の真実を教えてくれるのは、休憩室と相場が決まっている。

社内の誰もが、達成は不可能だとわかっていた。単に無理だというよりも、対象の広げ方があまりにも無責任すぎた。新製品を売るとなれば、そのためのリソースが必要になるうえ、現実に目の前にある目標に集中できなくなるので、最終的には不満の声とともに立ち消えになるのが関の山だ。実際、そのとおりになった。社員が苛立ちを抱えたまま1年がすぎると、新たな目標に修正や変更が加えられ、結局は消えてなくなった。

職場で社員の士気を下げる要因はいろいろある。適切な大きさの目標を設定しないリーダーもそのひとつだ。人は、自分との約束を守れなかったら失望する。それを思えば、何百、いや何千という社員に失望が広がればどうなるか、想像がつくだろう。

では、仕事の目標に「半分ルール」を適用するにはどうすればいいか？　目標が適切な大きさであることを、最初に確認すればいい。だが、どうやって確認するのか？　それを次章から説明する。とくに第7章は要注目だ。今後の目標を立てるときは、過去のデータを引っ張ってくれば参考になる。会社が設定する収益を個人で勝手に半分にはできなくても、危険なまでの楽観主義や計画錯誤を社内にはびこらせないためにできることはある。

「いましかない」はほぼありえない

戦いにはディフェンスとオフェンスがある。ディフェンスは攻撃されたときに備えて計画を立てることであり、オフェンスは最初に攻撃を仕掛けることを指す。

第1章ではディフェンスについて知り、完璧でなくなるという絶対に避けられない日に備えることが大事だと学んだ。その日が必ず訪れるとわかっていれば、備えることができる。一方、この章ではオフェンスについて知り、目標を掲げたらすぐにそれを半分にすることを学んだ。

目標を半分にすることにまだ抵抗がある人は、自分自身にこう問いかけてみてほしい。**「目標を半分にして起こる最悪なことは何か?」と。**

仮に、家全体の掃除が目標で、それを半分にして2部屋だけ掃除するとしよう。何年ものあいだ、散らかっている家が嫌でたまらなかったあなたは、たった2部屋の掃除くらいでは大して変わらないと思う。

この瞬間、とても興味深いことが起きている。「家全体の掃除くらい、すぐに終わらせることができる」と完璧主義がささやきかけているのだ。完璧主義は、状況によって作戦をコロコロ変える。思いだしてほしい。目標を立てようとしているときは、何も成し遂げられないとささやきかけてきた。それが今度は、すぐにできるとささやきかけてくる。

では、目標を半分にする代わりに、倍の時間を確保した場合はどうか？　5年のあいだ散らかり放題の家で暮らしてきたなら、掃除をする時間を1カ月確保することの何を恐れるというのか？　何とかしたいと60カ月も思い続けてきたことに、今月手をつけることになっただけにすぎない。

完璧主義は、「いましかない」とあなたにささやく。いまやり遂げなかったら、やりたいとの思いにかられながら一生やらずに終わる、と主張する。新年の誓いのほとんどは、1月から何かを始めるという決意だ。だが1年の始まりを素晴らしいものにしようと最初の3週間で無理をしすぎて、2月に入ったら続かない。これもやはり、あなたの時間を操ろうとする完璧主義の策略だ。

さて、改めて問おう。目標を半分にしたり、倍の時間を許したりすることが招く最悪のこととは何か？　最高のことはすでにご存じのとおりで、目標をやり遂げる確率が63パーセントも向上する。一方、目標を半分にしても達成できなかったり、倍以上の時間がかかったりしたからといって、世界が破滅するというのか？

このような考え方は、目標を設定するときのアドバイスとしては異端だ。それは私も承知しているが、ここでやろうとしているのはあくまでも、「目標をやり遂げること」と「完璧主義を打ち砕くこと」の2つだ。

そしてこの章は、間違いなく完璧主義が忌み嫌うものである。目標を半分にすることは、完璧主義にとっての**クリプトナイト**[*1]だ。半分にするなんておかしいと思うだろう。だがそれが、あなたの目標に明るい光を差し込んでくれる。完璧主義に屈せず抵抗できるようになり、始める前から達成に向けてのお膳立てを自らするようになる。

そんなバカな、と思うだろう。まだ経験がないのだからそう思って当然だ。だがこれまでと同じ結果はもうたくさんだと思うなら、新しいことを始める必要がある。

まずは目標を半分にすることから始めよう。

＊1 クリプトナイト…スーパーマンの弱点として知られる架空の鉱石。

Action

1 これまでに立てた目標を振り返る。大きすぎはしなかっただろうか？目標を立ててどうなったかを書きだしてみよう。

2 目標を数字で表す（目標に対する感情まで数値化する必要はない）。
例：本を10冊読む。4部屋片づける。10キロ痩せる。5000ドル貯める。

3 目標を半分にする、倍の時間をとる、このどちらかにするか決める。

4 信頼できる人に目標のことを打ち明け、無謀でないか意見を尋ねる。

5 目標を半分にすることに抵抗を感じる人は、「半分にして起こる最悪のことは何か？」と数分考える。

第3章

何を諦めるかは事前に決めておけ

✓「全部できる」は幻想だ

「素晴らしい！　お客さまのような芝生ですと、弊社の商品のありとあらゆる機能をお見せできますよ！」

これは、庭の手入れ用品の営業マンが「おまえの庭の芝生は最低だ」という意味でよく使う言い回しで、私がアトランタに住んでいたときに実際に言われた。

遠くからなら、我が家の芝生は緑に見えた。だが近づくと、雑草を取り除いたらむき出しの赤土だらけになるのは一目瞭然だった。芝生と雑草の割合は１：10で、それを見た営業マンは、庭に続く私道に立ったまま思わず笑みを漏らした。

この家なら、「ハイドロックスクッキー」よりもっと化学的な名前の商品がいくらでも売れると思ったのだろう。郊外に暮らす植物学者のように、新種の雑草を見つけて自分の名前をつけることも不可能ではない、とも思ったかもしれない。我が家の庭は、庭というより雑草の製造所だった。

夫としてその状態を恥ずかしく感じる男性は大勢いると思う。おまけに我が家の場合、修理業者がやってきても、私ではなく妻のジェニーが対応する。彼女は施工管理の学位を持っているのだ。一方の私は、タコのひとつもない繊細な作家の手の持ち主である。タイヤがパンクしたとき、ノースカロライナ州に頭にきて、パンクしたタイヤとホイールを山の麓に捨ててしまったこともある。ホイールはとっておくものだと知らなかったのだ。ボーイスカウトに入っていれば、そういうことを教えてもらえたのだろうか。ともかく私はこういうこと全般が苦手で、なかでも庭の手入れがいちばんできない。庭は男らしさを示す場として、近所とのバーベキューで男どうしで話題にのぼることが多い。

「新しい芝生を植えたのかい？　いいじゃないか。えっ何だって？　ガス式のチェーンソーの音でよく聞こえなかった。喫緊に必要になるといけないから、これは止められなくてね。おっと、喫緊なんて言葉、俺らしくないな」

私は、リヴィングストン博士でなくては足を踏み入れられないような庭であっても気にならなかった。火事で燃えてしまったとしても、何とも思わなかっただろう。

なぜこんなにも気にならなかったのか？

我が家にふたりの幼児がいたからだ。

子供はパニックをもたらす。楽しいと言えば楽しいが、パニックであることに変わりはない。先人は、子孫にも子供を産んでもらいたいがためにその事実を決して口にしない。そうしないと人類が滅びてしまう。だから、実際に子供を育てるようになるまで、誰もその事実に気づかない。子を持つと、早い時間に何とか眠りについて翌朝を迎えることしか考えられなくなる。「パパ、外はまだ明るいよ。ほかの子の遊んでる声が聞こえるよ」と子供にせがまれても、「よそはよそ。うちは寝る時間だ」となってしまう。

子供が大きくなれば手がかからなくなるかというと、必ずしもそうではない。私はある晩、11歳の娘から、パパが死んだらパパの死亡基金で暮らすと言われた。「死亡基金って、生命保険のこと？」と娘に尋ねると、「名前はよくわかんないけど、そういうやつ」と答えた。まあ、小学生になれば、少なくとも言って聞かせられるようにはなる。

よちよち歩きのあいだは、いっときも目が離せない。うっかりすると、オーブンに子供の手が入ってしまっている。えっ？　ありえない？　いやいや、私だけではないはずだ。幼児がいると、自宅の庭は意識の最下層に沈む。幼児がいれば、つねに厳戒態勢だ。チキンナゲットの形が悪かったがために、子供をなだめすかしたり、機嫌をとったりしないといけない。ちなみに、前日はその形で正解だった。前日はその形しか受け入れてもらえなかったのに、今日はその楕円のせいで癇癪を起こしている。そうなると、チキンナゲットの袋（子供ができる前は、こんなものを子供に食べさせる親の気が知れないと悪口を言っていた）に肘まで突っ込んで、この闘いを終わらせる魔法のチキンを探す。

庭の草など気にかけていられない。

いずれ時間が立てば、気にするようになるかもしれない。子供が幼児でなくなれば、庭やスウェット素材でないパンツのことを考える時間ができるかもしれないが、それまではとにかく、何を諦めるかを決めておいたほうがいい。

新たに目標が生まれると、もっとも貴重なリソースである「時間」を捧げないことには達成できない。人はなぜか、「何かのために時間をかけるには、ほかの何かにかける時間を奪うしかない」ということを絶対に認めたがらない。だが、何かを得意になりたいなら、ほかの何かを不得意になるしかない。

ここで、完璧主義の3つめのウソが明らかになった。「全部できる」というのは正しくない。そんなことは絶対に不可能だ。

心の奥底では、誰もがそうとわかっている。だが、自分を恥じる気持ちなどから、多少の無理をすれば全部できるのではないかという考えがどうしても消えない。だから慢性的なスターターは、時間管理術の本ばかり読む。そして、一日の時間配分を少し変えれば、ルームランナーで走りながらオーディオブックを聴くときに歯のフロスもすれば、やりたいことが全部できるようになるかもしれないと思う。

ここではっきり言っておく。**やりたいことが全部できるようになることは絶対にない。** 考えるだけムダだ。それどころか、やりたいことの大半すらできない。

これを聞いて、**チャールトン・ヘストン気取りで砂を叩きたいならとめないが、**[*2]

＊2 **チャールトン・ヘストン気取りで砂を叩きたいならとめないが**…どんな叩き方か知りたい人は、映画『猿の惑星』のラストシーンをご覧いただきたい。

全部できるという幻想に対して存分に嘆き悲しんだら、現実に目を向けよう。

現実の選択肢は次の2つだ。

1．人間にできる以上のことをやろうとして失敗する
2．何を諦めるかを決め、大事な目標を達成する

完璧主義は「1を選べ」とささやく。この章では2の進め方を見ていく。

選択肢2を選ぶと、最初のうちは落ち着かない。屋内での喫煙を妻に禁じられて玄関の脇でタバコを吸っている近所の人が、あなたの庭の芝生を見て「信じられない」といったように首を振るのは間違いない。ローンドレス《洗濯専門の女性》（洗濯の王女のような響きだが、この職業は実在する）を雇ってでもいない限り、目標を達成しようとするあいだは、洗濯済みの衣服を置く用の椅子は、**フラグルロック**[*3]に出てきそうな、色柄物と白が入り乱れた山と化す。子供たちは、バザーで靴下を盗むストリート・キッズみたいにその山から服をとっていく。

＊3 フラグルロック…1980年代にアメリカで制作された、フラグルロックと呼ばれる洞窟世界に暮らす架空の生物フラグルの日常を描いた人形劇番組。

これはこれで問題ない。小さな子供がいる時期は、優先順位を決めることが求められる。恥ずかしさ、諦める戦略のどちらを選ぶかはあなたしだいだ。

✓ 自分を恥じる気持ちを打ち消す

みなさんはきっと、自分にできる以上のことをやると計画し、計画どおりにできない自分を責める人生を送ってきたのではないか。

「これくらい全部できないでどうする。よし、前からやりたいと思っていたことも新たな目標に加わった。すでにかなり詰まっているスケジュールに新たな日課を増やすことになるが、大丈夫。病気の義父の面倒を見るためにアトランタへ引っ越してきたが、引っ越す前と変わらずやっていけるはずだ」

多くをやろうとすると、高潔なことをしているような気持ちになる。「ほら。俺は弱音を吐かずに一心不乱に頑張っているぞ」という気持ちで、何でもできると頑なに信じているがために、あらゆることの質を落としてでも全部やろうとする。そして、誇らしげにその姿をインスタグラムで共有する。これこそがやり抜く力だ！

これこそがやる気にあふれる生き方だ！

そうなるのは、高校で身につけた悪癖が関係していることが多い。たとえば、南北戦争時の貿易制限の影響について10ページのレポートにまとめよという課題が出されたら、徹夜すればひと晩でできるかもしれない。しかし、四半期の売上ノルマの達成やダイエットとなれば話は別だ。ダイエットの遅れを取り戻したいからといって、1週間ぶんのケールをひと晩で食べるわけにはいかない。

全部できると思っていると、いつか必ずこうしたことが起こる。飛行機に乗り遅れれば、綿密に立てたスケジュールはすべて崩壊する。サッカーの練習を遅れて始めれば、その後の計画は台無しになる。ひとつの会議が長引けば、残りの予定すべてに影響が及ぶ。

何かがうまくいかなかったとき、人はその瞬間に「恥ずかしい」と感じる。寛大な心で自分を大目に見てやろうとは思わない。ほとんどの人が、うまくいかなくなったとたんにやめてしまう。自分の手に余ると証明されたひとつのことだけをやめるのではない。自分が掲げていた目標そのものを諦めてしまう。

これは本当に最悪だ。**やろうとすることが多すぎると、ひとつ減らすのではなく目標に向けた努力を一切やめてしまう。**ジャグリングしていたボールを1個落としただけで、全部のボールを手放す。先の章で例にあげた、トライアスロンに出場しようとした男性と同じだ。

人は、やりたいことが全部できないと、それを恥だと思い、すべてを投げだしたくなる。

それが嫌なら、戦略的な道を選ぶという手がある。**諦めることを事前に決めておくのだ。**

諦めると事前に決めておけば、恥を感じる瞬間は生まれない。自分ができないことを指摘されたときに感じる恥ずかしさを、もう感じずにすむのだ。ボールを落としてもショックを受けることはなく、「ああ、始める前からわざと落とすと決めていたボールのことか。言われなくてもわかってるよ」という反応になる。

この戦略のおかげで、「グレイズ・アナトミー」や「スキャンダル」といった人気ドラマの製作指揮を務めるションダ・ライムズは、できないことを思って不安になったりしない。『ファスト・カンパニー』誌によるインタビューで、放ったらかしにしていることは何かと尋ねられたとき、彼女は次のように答えている。「いまは、運動しなくても罪悪感を覚えない。いまじゃないときは、覚えるけど」(注8)。番組製作で人を動かしている最中は、自分の身体を動かすことは一時的に脇へ追いやっているのだ。

ションダは、自分を恥じる気持ちを打ち消した。そうできたのは、彼女の戦略のおかげだ。ションダは諦めることを事前に決めておいた。だから、いくら完璧主義といえども、ジムに行かないことで彼女を苦悩させることはかなわなかった。

「ブレイキング・バッド」がわからなくてもかまわない

本書のような自己啓発本の多くは、より多くのことを成し遂げられる力については強調しても、できないことを特定する必要性については触れない。だが、すでにやることでいっぱいの毎日に新たに何かが増えれば、いい気分になることはなく、ストレスが増すばかりだ。自分を恥じたくなる罠に陥らないためには、不得意になることを事前に決めておく必要がある。

これを『成功する人は、2時間しか働かない』の著者ジョシュ・デイヴィスは、「戦略的な機能不全」と呼ぶ。(注9) たとえば、「庭には手をかけないと事前に決めること」は戦略的な機能不全のひとつである。やりたいことを全部行う時間はないと認め、特定の期間だけ何かをあえて脇に追いやるのだ。

私が目標の達成に向けて積極的になると決めたとき、次の4つを「不得意になること」に決めた。

1．テレビの話題についていくこと

私は、「ブレイキング・バッド」も「ストレンジャー・シングス」も「ウォーキング・デッド」も観たことがない。「ブレイキング・バッド」は全部で62話あり、1話あたりの長さは42分。合計すると、2604分（約43時間）だ。これだけの時間があれば、目標に向けて30分の努力を86回行うことができる。友人のひとりは、ドラマの新シーズンが始まるまでに、前シーズンを全話見返すという。つまり、新シーズンとして20話放送されるたびに、全部で40話見るのだ。私はテレビを観ることに反対ではないし、「THIS IS US 36歳、これから」は泣けるので大好きだが、人気番組をチェックしながら目標を達成することはできない。だから、ディナーパーティでほかの人たちが人気番組の話題で盛り上がっているとき、私はぽかんとした顔をし、昔の番組の話を始めたりする。これは悪いことだろうか？そんな態度はとるべきではないのだろうか？ はっきり言おう。私は最近のテレビ番組については本当に無知だ。そしてそれでいいと思っている。私はテレビ番組に疎くなると決めたのだ。

2. スナップチャット

この本が世に出る頃には、スナップチャットの素晴らしさを知って、昼食を食べている自分の写真に手際よくイヌの耳を加工できるようになっている……とはやはり思えない。スナップチャットを私に薦めてくる友人は後を絶たないが、何がいいのかと尋ねても、「みんな使っているから」という答えしか返ってこない。それと同じ理屈で、ニッケルバックのアルバムは5000万枚売れた。一日に20回投稿する人で、自分には長文を読んで考える力があると思っているのなら、それはよくわかっていない人だ。自分が考えているあいだずっと、考えているということを友人に発信し続けているのなら、それは考えているのではなく考えているフリをしているだけだ。ソーシャルメディアはタダではない。つねに何かしらの代償が伴う。だから私は、スナップチャットは不得意になると決めた。

3. 電子メール

私は1年前に電子メールから半分引退した。それ以前はひっきりなしにメールの受信を確認していたが、そうするのは自分が衝動に弱く、メールが届くと自分が重要人物に思えるからだと気づいたのだ。急を要するメールがたくさん届いていることを想像しながら受信ボックスをチェックしても、実際には大して届いていない。いまではメールをチェックする回数は週に数回まで減り、その大半の返信をアシスタントに任せている。絶えず滴り落ちる点滴のようにすぐさま返信したほうが喜ばれるだろうか？　たぶん喜ばれるだろうが、会社の運営と執筆を優先する代わりに、電子メールの扱いに苦手になることにした。

4. 庭の芝に対する充実感

我が家の芝の話は、これで終わりにしたい。庭の芝刈りを通じて、大きな充実感を得ている人は大勢いる。一日中コンピュータの画面に向かっているような仕事の人は、自分の努力が物理的に実を結んでいく様を見れば嬉しい気持ちになるだろう。だが私は違う。月に2回庭の手入れを業者に頼める金銭的余裕が生まれたとたん、私はブレイクダンスを踊る以外のことを一切庭でしなくなった（ダンスは庭よりガレージのほうがいい？　考えておこう）。週末の4時間は、庭仕事ではない別のことに使いたい。だから、庭の手入れは私の不得意分野とすることにした。

この4つに煩わされないようにすることが、私にとっての戦略的な機能不全だ。

いずれこの内容は変わるだろうか？　たぶん変わるだろう。そのうち、スナップチャットに夢中になるかもしれない。だが、大事なことすべてに力を注ぐためには、それほど大事ではないことに不得意になると決めるしかなかった。

何かを無視すると決めても、内容によってはルールを決めてある程度は対応せざるをえないこともある。電子メールもそのひとつで、完全に無視できる人はほとんどいない。もっともよく使われるコミュニケーション手段のひとつなので、無視したときの影響が大きすぎる。

だから私は対処法を考えることにした。毎日届くメールを意識してみると、私が個人的に返信する必要があるのは10パーセント程度しかないと気づいた。24〜48時間以内の返信が必要なメールになると、一週間に片手ほどしかない。そして、自分には携帯電話の電子メールのアイコンを無視できる強さがないということも認めるしかなかった。考える前から、私の親指は自然にメールのアイコンを開いてしまう。だから、メールのアイコンが目に入らないよう、ｉＰｈｏｎｅの画面を2回スクロールしないといけないページに持っていった。

諦める、もしくはやらないと決める内容は、大きなものでなくて構わないし、永遠に諦める必要もない。私が初の著作を書こうとしていたとき、妻は私に自由に使える時間は月曜日だけだと指摘した。月曜日は、通常の仕事と週に一度夜間に行うミーティングとのあいだに2時間の隙間があったのだ。そして、「子供たちは私が寝かしつけるから、その2時間を執筆にあてなさい」と言ってくれた。こうして私は、子供に会わない月曜日を12週間送り、その間に本を書いた。父親として、それは簡単なことではなかったが、会えないのは一時的なことだとわかっていたし、それによって本が完成することもわかっていた。

このエピソードは、家族を無視しろというメッセージなのか？　そのとおりである。私は冷酷な怪物なのだ。というのはもちろん冗談で、何かをやり切るために犠牲にしたことの単なる一例であり、私が月曜日のたびにバーガーキングに2時間詰めて執筆していた理由を説明したかったにすぎない。

諦めることを選ぶといっても、何を諦めるべきなのか？　結局は、何を目標とするかで決まるが、簡単に見極める方法がある。自分の行動を信号に当てはめるのだ。

青信号に相当するのは、目標の達成を推し進めてくれるものだ。たとえば、1週間ぶんの昼食を準備するのは時間がかかるかもしれないが、健康に関する目標に到達しやすくなる。そして青信号に該当しない行動は、すべて赤信号とみなす。目標の到達に関係のない行動は、進捗を停滞させ到達を遅らせる。たとえば、友人と夜出かけるのは楽しいかもしれないが、豪勢なタコスに誘惑されかねない。よって、体重を落とすという目標にとっては、赤信号に該当する。自分の一日の行動を振り返る時間を数分ほど設けて、どちらかの信号に振り分けてみよう。この作業は思っているより簡単にできる。自宅の前庭に土の乾燥を防ぐバークチップを敷き詰めれば見栄えはするだろうが、目標が確定申告を終わらせることなら、その行動は間違いなく赤信号だ。こうして考えていくと、どの行動が何信号かが驚くほどよくわかる。

諦めることが何も思い浮かばないという人は、ソーシャルメディアをやめることから始めるといい。

インスタグラムを更新しなかったら心配する人が出てくるのではないかと思うだろうが、それは杞憂だ。私がツイッターを10日間更新しなかったとき、29万いるフォロワーの誰ひとりとして気づかなかった。

また、期末試験の時期や大きなプロジェクトを抱えているときに、フェイスブックにログインしないという人がいる。彼らもまた、忙しいあいだの心配ごとを減らしたいからそうするのだ。永遠にやめるわけではないし、長い目で見れば、自分にとって大事なことにかける時間が増える。

ソーシャルメディアをやめることが怖いと感じる人は、1年丸々やらなかったときのことを思いだしてほしい。1997年にやっていた人はひとりもいない。

「ノー」と言うだけでいい

テレビを観ないことはできても、友人の誘いに「ノー」と言うのはまた別の話になる。「金曜日は出かけられない」「ああ、そのイベントには行けない」「誰かほかの人に頼んでくれないか」といった言葉を口にすることに、完璧主義者の私たちは抵抗を覚える。誰だって、みんなのよき友人でありたい。世界中のありとあらゆる人から素晴らしいと思われたい。そして、ほとんどの人が、よき友人とはできる限りの時間を相手の望むとおりに割く人のことだと思っている。

だがよく考えてみれば、そんなバカげた話はない。

秋は講演が増える季節だ。その時期の私は、週末に友人と会うことがほとんどなくなる。月曜日と火曜日、それから木曜日と金曜日はどこかへ出張している。だから週末は、家族との時間になる。水曜日の昼食を友人とともにすることはあっても、土曜日に一緒にコンサートに出かけることはない。秋の7週間ほどは、ある意味友情を諦めていると言える。

妻のジェニーは、テネシー州フランクリンの小さな町で講師をしていたが、7年がすぎたとき、講師をやめて学生に戻った。その年の秋は忙しくなるとわかっていたので、教えるという負担の大きい仕事から身を引いたのだ。何を諦めるかは人それぞれだ。大会に向けて早朝にトレーニングをしている人なら、友人との夜の外出を減らさないといけないかもしれない。写真を仕事にしたいと考えているなら、週末を友人と過ごす代わりに結婚式の写真撮影に時間を費やさないといけないかもしれない。

友人とのつきあいについては、慎重な対応が求められる場面がいろいろあるが、いずれにせよ、必要なことはただひとつ。**ほかに優先すべきことがあるときは、きっぱりと力強く「ノー」と言えばいい。**

人に頼まれると嫌と言えない人は、このアドバイスに少々気分を害したかもしれない。そういう人は、決して「ノー」と言わない。どんなときも必ず「イエス」と答える。「ノー」と言えばそこで話は終わるが、「イエス」と言えば終わらない。新たな機会や新たな友人との出会いが待っている。イエスと答えれば、清々しい気持ちになれる！

確かにそのとおりだと私も思う。何かをやり切ったときに、親しい友人のひとりかふたりにその話をすることは心からオススメする。だが、本気で何かをやり切りたいなら、疎遠になる人が多少は出てくることを覚悟したほうがいい。

ほかに優先すべきことがあるときは、きっぱりと「ノー」と言おう。長々とした説明はいらない。謝る必要もない。その態度を正当化する必要もない。ただ「ノー」と言えばそれでいい。

「ノー」と言われて怒る人がいたら、何もなくても「ノー」と言うべき相手だったということだ。

✓どうしてもやめられないことは、手を抜く

「ノー」と言うことに抵抗がある人や、やめたいがやめられないことがある人は、手抜きを試みるといい。

母親業に忙しいリサ・シェフラーは、さまざまな目標を立てることに夢中だ。そんな彼女にとって、いちばんのネックは家事だ。家族のための料理と洗濯にかなりの時間を奪われているが、どちらもやめるわけにはいかない。自分の目標を達成することだけに専念し、子供たちに「今週の晩ごはんはありません。自分たちでしっかり栄養を摂ってね。ヒップスターには、スーパーフードを庭で育てている人が多いんですって」とはとても言えない。

そこで彼女は、料理は「時間のかからないものしかつくらない」ことにした。そして洗濯については、「洗濯はするが畳んでしまうことはしない。目標を達成する

間際の数日は、家族みんなでしわくちゃの服を着る」ことにした。

なんて素敵なアイデアだろう。子供たちがしわくちゃの服を着てきた週に、「お母さんは今週何で忙しいの？」と教師が尋ねる姿が目に浮かぶ。食卓にホットドッグやピザロールが並べば、子供たちは母親が大詰めを迎えているとわかる。

幸い、世の中には手抜きを助けてくれるものがたくさんある。食事はほとんどの人に関係があることなので、もう少し食べ物の例をあげると、スーパーマーケットはいまや、オンラインで注文した商品を店舗で受け取れるようになっている。私の妻のスーパーでの買い物は、75パーセントが同じ品だ。ストレスの多い時期になると、自宅で快適に注文し、店舗へ車で出向いて頼んだ品を受け取る。店員が食材をトランクに詰めてくれるので、車から降りる必要すらない。

人生は複雑すぎて、何にでも「ノー」と言うわけにはいかない。それはそのとおりだと思う。どんなことでも諦められると思うのは現実的ではない。

「ノー」と言えないことについては、「手抜きすることリスト」をつくり、しわくちゃのシャツでも気にしない期間を決めるといい。

簡単にすませられるときは、食事の準備も簡単にすませればいい。
後回しにできることは、後回しにすればいい。

✓諦めることが楽しみに変わる

何もかもできないことに対する罪悪感を乗り越えると、諦めること選びが一種の楽しみに変わる。できなくても恥ずかしいと思わないことをリストアップすれば、完璧主義で生じていたストレスが笑いに変わる。

妻のジェニーが私の会社を辞めたときの幸せそうな様子は、いまでも鮮明に覚えている。私が起業してから最初の2年は、ジェニーが暗黙のうちにアシスタントや旅行社の役割を担ってくれていた。これを聞いて、結婚生活に亀裂が生じそうだと思った人は正解だ。

結局、仕事に関する口論を1000回繰り返したのち、彼女がこう言った。「文句ばかり言ってないでアシスタントを雇いなさい。いい妻といい社員の両方は無理」。そうして彼女は私の手伝いをやめて、夫婦関係を良好に保つことを選んだ。それに結局、アシスタントを雇うほうが、夫婦でカウンセリングを受けるよりずっと安上がりにすんだ。

ジェニーが下した決断は、自分が楽しめるようになるための決断だった。何を諦めるかを決めることを、あなたもきっと楽しいと感じるようになる。ただし、その楽しさは、次の章で学ぶことの比ではない。本当に楽しくなるのは次章からだ。

Action

1 目標を達成するまでのあいだ諦めることを3つリストアップする。自分の行動を赤信号と青信号に分類して考えよう。

2 完全にはやめられないことに関しては、手抜きする方法を見つける。

3 誰にも見られない秘密の場所に、目標をやり切るまで疎遠になる必要がありそうな相手を3人書きとめる。

第4章

やり遂げたいことを楽しいことにせよ

✓ 楽しくって何が悪い！

とにかく楽しむ。

これに尽きる。目標は楽しいものでないといけない。あなた自身が心から楽しんで、笑いや笑顔を交えながら最後までやり切ってほしい。

楽しむということだけになぜわざわざ章を割くのかと不思議に思うかもしれない。世の中には、なぜ楽しくない目標を選ぶ人がいるのか？　退屈でつらいことや、ストレスのたまるようなことを新年の誓いに立てるのはなぜなのか？

それもまた完璧主義の仕業だ。完璧主義は、人が大変に感じることや、人が惨めになることほどいいと信じている。

完璧主義は、「楽しいことには価値がない」とみなす。これが完璧主義の４つめのまやかしだ。

このまやかしの声明に惑わされて目標を立てる人は多い。とりわけ顕著なのが、仕事と健康に関する目標だ。

起業したい、経済的に安定したい、もっとやりがいを感じる仕事に就きたい。そう思うのは人の常だ。もっと健康的な食生活を送りたい、身体を絞りたい、自分の体形に自信が持てるようになりたいとも思う。

だから、仕事や健康に関する目標を定める。それはたいてい次のようなものだ。

「身体を絞ろう。そのためには走らないと」

そうしてジョギングを始める。仕事に行く前に近所を走ったり、仕事の後にルームランナーで走ったりする。1週間や2週間はそれが続くが、いずれ途絶え、目標を立てた92パーセントの仲間入りを果たす。

なぜそうなるのか？

目標を立てるときに大事なことを問いかけなかったからだ。

「自分は走ることを楽しめるか？」と。

楽しいという感情は、完璧主義にとっての天敵だ。喜びが生まれて何になる？楽しいことに何の価値がある？楽しさを追求したところで利益は得られないのだから、何の役にも立たないのではないか？　完璧主義がこのようにささやきかけるから、私たちは「これをやって楽しいと思えるのか？」と自分に問おうとしない。

そんなことを自問して、「楽しいとは思えない」となれば、そう思う自分が悪いような気がしてしまう。だから、運動が大嫌いでも、毎朝スニーカーの紐を結んでしかめ面で家をあとにする。

完璧主義と楽しいという感情は、いわば水と油だ。決して混じり合わない。完璧主義にとって、楽しいことは時間のムダであり、何の価値もない。残念ながら、ほとんどの人がそのように感じてしまっている。

✔楽しいことにも価値はある

楽しくない目標を達成しようとする理由は、大きく分けて次の2つになる。

1．目標は惨めな気持ちになるものだと思い込んでいるから
2．楽しいことには価値がないという完璧主義の言い分を信じているから

「目標」という言葉を聞いて何が思い浮かぶか、周りに尋ねてみよう。

おそらくは、「鍛錬、苦行、努力、勤勉、挫折」をはじめ、つらい気持ちになる言葉が返ってくる。また、目標を正しく持つことや、意味のある目標を持つことについても、難しいと思われがちだ。目指している途中で自分が壊れるくらいでないと、立派な目標とは言えない。成長できたかどうかは、流した血と汗と涙の量で決まる！　と思うのだろう。

SMARTの法則をご存じだろうか。(注10) これは目標を設定するときによく使われる法則で、何十年も前から存在し、目標に含むべき要素の頭文字を表す。

S（Specific）：具体的であること
M（Measurable）：測定可能であること
A（Achievable）：達成可能であること
R（Relevant）：関連性があること
T（Time-Bound）：時間の制約があること

知っておくと役に立つかもしれないが、どれも間違いなく退屈だ。「楽しい」という言葉のいとこの遠縁ですらない。「休暇を海で過ごすことの何が楽しいって、時間の制約があるところさ。終わりがわかっているからね」とは誰も言わない。

一方、「楽しい」が先にくることは、目標に適さないと考える。ダンス教室は本格的な運動にはならない。友人と一緒に歩いても、楽しすぎてウォーキングとしての価値がない。フリスビーはヒッピーの遊び道具だ……。いまあげたものはどれも、目標にするにはつらさが足りないとみなす。

そんなふうに生きていると、卓球をする喜びすらなくそうとしかねない。

去年、私は優れた卓球選手になることを目標に掲げた。卓球台を持っていなかったので、それが最初の難関として立ちはだかった。それに自分のラケットもなかった。私はアマゾンで、7層構造で特別軽い仕様のカーボン製のラケットを購入した。この先出場するであろう試合で勝つには、このくらいのラケットが必要になる。それに、お粗末な道具を持って卓球クラブや試合会場へ行くのは絶対に避けたい。これまでは、カーボン製でないラケットを使っていたためにずいぶんと時間をムダにした。同じ過ちは二度と繰り返すまい。ラケット用のキャリーケースも買った。抜け目のない人間ならば当然だ。

さて、私は次に何をしたか？　友人のグラントと一緒にレクリエーションセンターに行って卓球をしただろうか？　それとも、卓球台を持っていないか近所を尋ねてまわっただろうか？　そんな楽しそうなことをするはずがない。

私は、卓球の腕を上げるにはコーチを探すのがいちばんだと考えた。意外（？）にも、テネシー州のナッシュビルで卓球のコーチを見つけるのは簡単ではない。ニューヨーク市なら街を歩けばコーチにぶつかるが、ここナッシュビルは、作詞家は大勢いても卓球職人（私の造語だ）は少ない。

そこで、全米ナショナルチームのウェブサイトを訪れた（みなさんもきっとブックマークしているだろう）。すると、資格を持つ卓球のコーチはテネシー州全体でふたりしかいないとわかった。私はふたりにメールを送り、返事を待った。

スティーヴ・チャンから返信が届いた。彼はレベル２０００の選手だと言った。私はその意味がわかるフリをするしかなかった。レベル２０００の意味がわかるかどうかで、私の実力を見定めようとしたに違いない。地元のレクリエーションセンターでは、誰でも卓球をしていいことになっている。ところが、ミドルテネシーの卓球コミュニティ内で権力争いが起きていた。レクリエーションセンターの責任者が、スティーヴのコーチ法に反感を抱いていたのだ。スティーヴは、雪のなかを丸太を背負わせて走らせたりするのだろうか。とにかく、私が思っていた以上に卓球には政治が絡んでいた。

卓球ができる場所がほかにないかスティーヴに尋ねてみた。彼は、ナッシュビルの都会化途上地域にあるカレッジで働いている。ちなみに都会化途上とは、ヤギのチーズのアイスクリームを販売するアイスクリームカーがまだ持ち込まれていないという意味だ。スティーヴによると、カレッジの学生会館に卓球台があるとのことだった。

2月の寒い土曜日、私は午後4時半にコーチとカレッジで落ち合った。実を言うと、私は彼に、映画『ベスト・キッド』のミヤギを期待していた。習うのは卓球だが、それを通じて人生を学べるかもしれない。どうか期待が裏切られませんように。

スティーヴは60代半ばで、中国本土の生まれだ。私はスティーヴの影響で、中国のことを「中国本土」と呼ぶようになった。私の修行はもう始まっている。

学生会館に着くと、残念ながら鍵がかかっていた。スティーヴがすぐに開くからと言うので、ふたりで手前のロビーに立っていた。私は新品同様のカーボン製のラケットを握っていた。別売りのケースももちろん一緒だ。抜かりはない。コーチはニットのベストを着て、キャスター付きのキャリーケースを手にしていた。そこにはおそらく、卓球の達人を製造する秘術が詰まっている。

最初の20分は、世間話をしながら会館が開くのを待った。私のラケットを見たコーチは、そのラケットで十分だが、偉大な選手は3つのパーツをオーダーして自分で組み立てるのだと言った。私はすぐにもこのラケットを投げ捨てて、郊外の鍛冶師のごとくガレージにこもって自分のラケットを組み立てたくて仕方なかった。

スティーヴによるラケットの握り方についての説明が40分続いたのち(たった5本の指でこんなにも間違ったことができるのかと驚愕した)、学生会館はこのまま開かないのではないかという気まずい空気が流れ始めた。するとスティーヴは、ロビーの壁のライオンを前にして、フォアハンドの打ち方を私に教え始めた。籍も置いていないカレッジのロビーで、土曜の夕方にエアブラシで描かれたライオンの絵に向かってラケットを振る私の姿を想像できた人は、誇るべき想像力の持ち主だ。

「姿勢が高すぎる。かたくなりすぎだ。それじゃあキリンだよ。お腹を空かせてうずくまっているトラのように身体を曲げないと。そう、いまにも攻撃しようとするトラのように、筋肉を緩めて、姿勢を低くして」とスティーヴは言った。『ベスト・キッド』のようにと思い描いていたすべてが、一気に現実になろうとしていた。

壁相手に30分負け続けた私を見て、スティーヴは私の相手をしたほうがいいと思ったようだ。ただし、卓球には台が必要だ。なにしろ名称の半分が「卓」だ。スティーヴがどうやってその問題を解決するつもりかはわからなかったが、彼には例のキャリーケースがある。

だがケースを開けることはなく、円形のロビーの反対側へ歩いていった。そして6メートルほど離れたところで、ピンポン玉をそっと放り上げると私に向かって打ってきた。カレッジで卓球をした経験がなかった私は、その初球を見逃した。

見逃したのは、多少の居心地の悪さを感じていたことも関係していたように思う。学生会館が開いたかどうかを確かめに、時折学生がやってくるのだ。ロビーで41歳の男とさらに年配のニットベストを着たセンセイが台も無しに卓球をしているところを、困惑した様子で見つめる19歳の学生の図が思い描ければ、あなたにはやはり卓越した想像力がある。まさにそのとおりのことが起きていた。

結局、私とスティーヴの卓球は2時間続いた。

ロビーで。

台も無しに。

その後のレッスンは、地域にある卓球クラブで行われた。1回につき数時間にわたって私に球を打ちながら、フォアハンドやバックハンドを少しずつ教えてくれた。そして私はレッスンを受けなくなった。

その時点ではまだ、大会に出場できる域には達していなかった。スティーヴは、私にはふつうの試合すらまだ早いと思っていたようで、全レッスンを通じて、試合をしたことは一度もない。全レッスンといっても、たったの4回だが。4回では少なすぎると思うかもしれないが、それは違う。私は始めるばかりのスターターであって、最後までやり切るフィニッシャーではない。何かが4回続いたことは、私の最長記録である。

レッスンを受けなくなったのは、卓球が嫌いになったからではない。楽しくなかったからだ。私は自分で台を買って友人と卓球をする代わりに、1時間につき20ドル払って、私に向かって「殺れ！　殺れ！」と叫ぶ素性もよく知らない年配男性と練習をした。どうやら、「試合で私のようにお粗末なショットを打っていたら、こてんぱんに殺られるぞ」と言いたかったらしい。

私はどんな目標を立ててても、達成には困難がつきもので、楽しいと感じることがあってはいけないと思ってしまい、そのたびに挫折する。

そういう人は大勢いて、自分が惨めになることに挑もうとする。過酷なレースが人気を博しているのもそれが理由だ。

トライアスロンより過酷で知られる「タフマダー」が初めて開催されたとき、電流ワイヤーの垂れ下がったフィールドが障害物のひとつとして課された。人はみな、送電線に肌が触れないようにして生きているが、タフマダーの日ばかりは、出場者はお金を払ってそれを体験する。

私が8歳のとき、ゲームコーナーのゲーム機に入れたコインを取り戻したくて返却ボタンを押そうとした。ところがボタンのカバーがなかったため、コインは戻ってこず、むき出しのワイヤーに指が触れた。そのとたん、手全体が挽き肉機に吸い込まれて炎と蜂に襲われたような感覚を味わった。

タフマダーで味わうのはそういう衝撃だ。

しかも、電流ワイヤーの下を通過するのは、氷だらけの水中に飛び込んだ後だ。つまり、身体中の筋肉が脳からの指令を拒否し、身体が地面に倒れ込まざるをえない状態で、何百という電流ワイヤーが背中をかすめながら、ぬかるみのなかを這って進むということだ。参加者のひとりディノ・エヴァンジェリスタは、そのときのことを「巨人に肩と肩のあいだを掴まれて、思い切り地面に叩きつけられたようだった」と語っている。せめて出場記念にもらえるTシャツのデザインはイケていないと割に合わない。

このようなレースは、目標というより拷問だ。私がカウンセラーから自己啓発書を読むのをしばらくやめたほうがいいとアドバイスされたのも、自分に拷問を課していたからだった。その当時、私は古く分厚い自己啓発書を読んでは、敗者の気分を味わうことにのめり込んでいた。新しい本を買うたびに、前に読んだ本より難解であることを密かに期待した。より深い泥、より強い電流を求めていたのだ。

それは、さらなる苦難を求めることでしか成長は実感できないと思っていたからだ。楽しいことに価値はない、と私も思っていた。

だがそれはウソだ。楽しいことには価値がある。それどころか、完璧主義を打ち負かし、最後までやり切るには、楽しいと感じることが絶対に必要になる。

✔ 楽しいと思える目標が勝つ

信じられないかもしれないが、必死に楽しみを打ち消して目標を達成しようとしても、うまくいかない。インスタグラムに涙ぐましい努力を投稿すれば、それを見た友人の胸を打つことはできるが、科学的な観点から言うと、何の楽しみもないことを目標に掲げれば失敗する。

目標の設定に関する研究ではさまざまな統計データが注目されるが、とりわけ注目を集めるのが「満足度」と「パフォーマンス成果」だ。「満足度」は進捗に対してどう感じたかを表し、「パフォーマンス成果」は実際に成し得たことを指す。

そのどちらも飛躍的に高めることが、最後までやり切るための指針となる。満足度は高まるがパフォーマンス成果が落ちることを私が教えても、ただ笑顔で終わりを迎えられるようになるだけだ。また、パフォーマンス成果は向上するが満足度が下がれば、目標を達成できても惨めな気持ちは拭えない。

だから、誰もが知っている成功者のなかには、誰よりも悲しい思いをしている人がいる。そういう人は、パフォーマンス成果は重視しても、満足度のほうは忘れてしまう。私も卓球の腕は上がったが、楽しむことを忘れていた。最後までやり切る指針には、満足度とパフォーマンス成果の両方が絶対に必要だ。楽しさは、そのどちらも高めてくれる。

30日間ハッスルの受講者のデータから、自分が楽しめそうだと思うことを目標に選んだ人のほうが、満足度が31パーセント近く高まる可能性があることがわかった。楽しい目標と満足度について、これほど顕著なデータはほかにないかもしれない。自分が楽しいと感じることをすれば、満足度はもちろん上がる。

30日間ハッスルの調査結果にはまだ続きがある。**楽しいと思えることを目標に選ぶと、46パーセント近くパフォーマンス成果が向上するというメリットもあるのだ。**つまり、楽しいと思うことを選べば、パフォーマンスもよくなるということだ。

これを実証する研究はたくさんある。ハイレベルなパフォーマンスと聞くと、「過酷で苦しく大変に違いない」と世間では当たり前に思われている。しかし、一流の水泳選手を調査した科学者によると、早朝5時30分の練習のときですら、選手たちは意外にも「元気いっぱいで、笑い声や話し声が絶えず、練習を楽しんでいた」という。研究者の言葉はさらにこう続く。「トップ選手が目標の達成のために多大な犠牲を払っているというのは誤りだ。犠牲を払っていると感じている選手はほとんどいない。むしろ好んでやっている(注11)」

泥のなかを好きなだけ這い回ったり、口を開けたまま電流ワイヤーにキスしたり、ズボンのなかいっぱいにウツボを入れたりしたい人は、そうすればいい。だが、何かをやり遂げる最善の方法は、そういうことの反対だ。楽しさは、「あってもよい」というレベルのものではない。完璧主義を排して最後までやり切るには、絶対に必要なものなのだ。

ケールに「楽しみ」はないじゃないか

ならば、目標にしたいことが、そもそも楽しいと思えることでない場合はどうすればいい？

ダイエットにはそもそも楽しいという要素がない。

絶対にない。

ルームランナーで走っていて吐きそうになることも楽しくない。

やり方がよくわからないエクササイズでつまずくことも楽しくない。

早起きも楽しくない。

こうしたことを楽しいとアピールする生ぬるい本は、本当に何もわかっていない。何も解決しない。

ここで、この章のタイトルを思いだしてほしい。「楽しみを見つける」ことでは**最後までやり切るための近道は、「やり遂げたいことを自分で楽しくする」ことだ。**楽しい要素のない目標を達成したいなら、自分でそれを楽しいものにする必要がある。だがどうやって?

「どうすればこの目標が楽しくなるか?」と問いかければいい。

またバカなことを言いだした、と思っただろうか。ビジョナリーとはそういうものだ。

目標に楽しみを加える人はほとんどいない。目標を立てるときに、誰がそんなことを考えるというのか? 職場の上司が第3四半期に向けた戦略を語っているときに、「いいか、これは楽しまなくちゃダメだぞ!」と言ったことがあるだろうか? 新年の誓いを立てるときに、楽しめるかどうかを考えたことがあるだろうか? それが必須条件だったことがあるだろうか? 楽しむ意識があっただろうか?

「楽しみ」という言葉は、努力、頑張り、鍛錬を語る言葉としては使われない。だがこれもまた、完璧主義による身勝手な規制だ。「楽しむことは重要だ」と口にすれば、やり遂げたいことを本当にやり遂げる確率は高くなる。

ジェレミー・コワートは、目標を楽しいものにしようと考えた末に「ヘルプポートレート」という活動を始めた。(注12) コワートは幅広い分野で活躍している写真家で、「世間に恩返しがしたい」と思っていた。それを目標とする人はかなり多いが、それで楽しもうと考える人はかなり少ない。「恩返し」と聞いて真っ先に思い浮かぶのは、「誰かのために家を建てる」「レクリエーションセンターを塗装する」「都心部でスープを配る」といったことだ。ボランティアで何かをするときに、「誰かのためになることで、自分が心から楽しいと思えることは何かな?」と考え始めることは絶対にない。そして結局は、何もせずに終わる。

コワートは、自分が楽しいと思う気持ちを優先することにした。テイラー・スウィフトやガース・ブルックスといった著名人の写真を10年撮り続けた経験から、彼はうまく撮れた写真が持つ力を知っている。ポートレート写真のためにきれいにして写っている自分の姿を見ると、自信や喜びがわきあがる。それに、コワート自身が楽しめることなら、長く続けられるだろうという思いもあった。そうして彼は、ポートレート写真を無料で撮影するイベントを世界のさまざまな場所で毎年開くようになった。イベントに参加した人は、無料でメイクをしてもらい、数十万ドル稼ぐプロの写真家の前に座り、多くの場合、人生で初めてのポートレート写真を手にその場をあとにする。

そうして彼が撮影したポートレート写真の数は、50万枚を超える。

コワートは、金槌を振り下ろすことも、ペンキのローラーを手にすることもない。なぜか？　そういうことは得意でないというのもあるが、それ以上に、どちらも彼にとって楽しいことではないからだ。彼はちゃんと、誰かのためになることをするときは、彼自身が楽しいと感じることのほうが長く続けられるということもわかっている。

コワートの場合は、楽しいと感じることがすぐに見つかった。だが、何が楽しいのかわからない人はどうすればいい？　何から始めればいいのか？　探し方は2通りある。

楽しみは2種類ある

ファイナンシャルプランナーのベン・レインズは、数学を持ちだしても顧客に最善の決断を下させることは難しいと知っている。数字を並べることはできる。データを咀嚼して完璧な説明をすることもできる。プリンターのインクが切れるまで表やグラフをつくりだすこともできる。でも結局は、顧客についてのある問いの答えがわからない限り、何をやっても意味がない。その問いとはこれだ。

顧客が心から楽しいと感じるものは何か?

彼の元に相談にやってくる顧客は、一人ひとり違うものを抱えている。子供の頃に見ていた親のお金の使い方、恋人や配偶者との関係、いちばん大事に思っていることなど、誰しもさまざまな思いやしがらみを抱えている。だが10年にわたって顧客の話を聴くなかで、ベンは顧客が決断を下す動機は大きく次の2つに分かれると気づいた。

1. 報酬
2. 恐怖心

1が動機になる人は、報酬がはっきりしたとたん、ある種のやる気がみなぎる。たとえば、退職までのファイナンシャルプランや進学の学費を捻出するためのファイナンシャルプランを提示すると、嬉々としてそのプランを受け入れる。

報酬によってやる気が生まれる人は「接近動機」の持ち主で、特定の目標をやり遂げることで生まれる報酬を求めて行動する傾向がある。自分にとってプラスになる成果が、彼らを動かす。プラスになる成果を得ることが楽しみというわけだ。そういう人が新規事業としてオンラインショップを立ち上げた場合、いちばんに思い浮かべるのは最初の売上が生まれる瞬間だ。ダイエットで望みの体形になったら、何年も入らなかったジーンズをはいて真っ先に新しい服を買いに行く。経済状態がよくなれば、銀行口座の残高を心配することなく自由にものを買えるという気持ちが何よりも高まる。このように、報酬が動機になる人は、目標の達成に報酬が伴うことでやる気になる。

一方、報酬ではピクリとも動かない人もいる。素敵な未来のイメージは、遠い話すぎるし、退屈すぎるし、無難すぎる。30歳で定年後について夢見るなど、15歳に「高校の勉強を一所懸命すれば、いつか素晴らしい仕事に就ける」と言い聞かせるようなものだとしか思えない。

そういう人は、自分の行動がもたらしうる結果でやる気が生まれることはない。そうではなく、自分が行動しなかったらできなくなることが何かでやる気が生まれる。たとえば、いまの経済状態では子供が大学に進学できないかもしれないという恐怖心が生まれると、行動的になる。フロリダで余生を過ごすことなく、死ぬまで働き続けるしかない未来が待ち受けると思うと、慌てて行動を起こし始める。このように、恐怖心が動機になる人は、未来に対する恐怖心に後押しされて、現状を変えようと動き始めるのだ。

こうした動機を「回避動機」と呼ぶ。**回避動機に突き動かされる人は、求める成**

果を得るためではなく、望まない結果を避けたいがために行動を起こす。そういうケースでの恐怖心は、火を噴く龍というよりも、バケツに入った冷たい水だ。目覚まし時計となって人を覚醒させ、さっさと動けとお尻を蹴飛ばす。私は人前で話すときに必ずこの種の恐怖心を抱く。そして、自爆したくないがために、必死で練習する。

「恐怖心」という言葉と「楽しみ」はなかなか結びつかないかもしれないが、回避動機によって行動を起こす傾向がある人なら、私の話に深く頷いているはずだ。嫌なことを回避したい、もしくは何とか締切に間に合わせたいと思うと、焦りのようなものを感じる。回避したい失敗や惨事があると、やる気がとても高まる。

講演をすると、冗談を言ってスベるときがある。つまらなそうな顔が目に入るときがある。だがそういうことは、いくら準備をしても防げない。私がいちばん怖いのは、1時間の予定の講演で、最初の20分で話すことがなくなってしまうことだ。いまでは壇上に立つことには恐怖を感じなくなったが、熱い照明の下、じっとこちらを見つめる聴衆の視線や期待に胸を膨らませた顔を前にして、言うことが何もなくなった状態で壇上にひとり取り残されると思うと、本当に恐ろしくなる。そういう意味では、私は人を喜ばせたい人間ではなく、「人を不快にさせたくない」人間だと言える。ちなみにこの言い回しは個人的にあまり気に入っておらず、もっといい表現を探しているところだ。

講演をするときに、拍手がなくてもあまり気にならない。聴衆を笑わせたいとは思う。笑わせるのは本当に楽しい。だが私の場合、沈黙を前にしたほうが俄然やる気が高まる。面白いことを言おう、観客に興味を持ってもらおう、役に立つことを言おうとするのは、聴衆を不快にさせたくないからだ。誰かを喜ばせようとすることでは、私にモチベーションは生まれない。生まれるのは、やじを浴びたくないという気持ちからなのだ。

講演でいちばん好きなのは、空港の駐車場に停めておいた自分の車に乗り込む瞬間だ。このときに初めて、自分はやり遂げたと実感できる。最後までやり切った。自爆しなかった。ちゃんと準備をして無事に終えることができた。

恐怖心に突き動かされてやる気が出ることは、悪いことではない。その特性を活かせばいい。

絶頂期のフロイド・パターソンやマイク・タイソンのトレーナーを務めたカス・ダマトは、恐怖心の大切さをよくわかっていた。**「恐怖心を理解することが大切だ。そうすれば、自分で操れるようになる。恐怖心は火と同じだ。自分しだいで、自分のために活用できる。冬には暖めることに使い、空腹のときは料理に使い、暗闇では明かりとし、エネルギーを生みだせばいい。恐怖心は、並はずれた人たちにとっては友人なのだ（注13）」**

どんな種類の楽しみで動くかは、人によって違う。バラ色の未来に向かって動くにせよ、つらい結末を避けたいがために動くにせよ、どちらで動くかを知っておくことが大切だ。

あなたはどちらだろうか？

これまでの自分を振り返ってみてほしい。あなたは恐怖心に突き動かされてきただろうか？　それとも報酬を求めて動いただろうか？　心を動かされるのは、港に無事に帰還したいとの思いか、それとも、海の底深くに船が沈むのは避けたいとの思いか？　作家のジョナサン・フィールズの言葉を借りるなら、**あなたの目標は、自分自身から失敗を遠ざけること、自分自身に勝利を引き寄せることのどちらだろうか？**（注14）

自分にとっての「楽しみ」やモチベーションの原動力を知らずにいれば、挫折を繰り返しても不思議はない。医師から「体重を落とさないと健康に深刻な問題が生じる確率が高まる」と言われたとしよう。これは恐怖心による動機づけとなるが、報酬が動機づけになるタイプの人は、どんな警告も聞き流す。そういうタイプの人には、「健康になれば、いよいよイタリアのチンクエ・テッレを散策できる」というように、報酬を見つけるやり方のほうが適している。チンクエ・テッレはジェノバとピサの海岸沿いにある5つの村のことで、色とりどりの美しい家屋が並ぶ。

誰もが嫌がるチームとの共同プロジェクトを任されると、モチベーションが生まれるのを待とうとしがちだ。しかし、やる気が生まれるのを待っていては、いつまでたっても何も終わらない。それよりも、自分にいちばん必要な動機づけの形を理解して、プロジェクトに組み込むといい。

たとえば締切に対する恐怖心からやる気が生まれるなら、プロジェクト全体に小さな締切をいくつも設定する。努力をほかの人に知ってもらうことでやる気が生まれるなら、主要な関係者にプロジェクトの進捗をまとめた報告書を毎週送る。報酬でやる気が生まれるなら、要所要所で個人的なご褒美を与える。作家のサミー・ローズは、大きなプロジェクトの締切を抱えると、書き終えたら映画を観に行くことにしているという。金曜の午後に映画を観ると自分に約束することで、木曜日の執筆がはかどるのだ。

恐怖心と報酬のどちらが自分に必要かを選ぼうとすると、完璧主義が「どちらも必要ない」とささやきかけてくる。「本物の勝者にモチベーションは必要ない。どんな仕事も淡々とこなす。報酬や罰、ニンジンやムチはいらない。ひたすら頑張るだけだ。報酬をもらうなんてズルい。君にそんなものは必要ない。きつい仕事こそが報酬だ」

こうした言葉が少しでも聞こえ始めたら、正しい方向に進んでいる証拠だ。完璧主義の声は、目標の達成に向けて動き始めたときにしか大きくならない。

本気で心から楽しめることは人によって違う

私の友人の女性が、飛行機内で後ろめたい喜びを味わっているところをインスタグラムに投稿した。お酒を飲んでいるのかと思ったら、それは炭酸水だった。悪しき想像をした諸君、彼女が後ろめたい喜びを感じるのは、なんと炭酸水である。トニックウォーターですらない。何の変哲もない炭酸水を飲んでいるだけなのだ。あなたにも、後ろめたさを感じる喜びが何かあるのではないか？　私は、食品の「何人用」という表示を無視することに後ろめたい喜びを感じる。パッケージの「何人用」や「パーティサイズ」といった表記を無視して全部ひとりで食べるのだ。その場合、パーティの参加者は自分ひとりだけになるが。

いずれにせよ、友人の女性が炭酸水をご褒美に飲むのは素晴らしいことだ。なぜか？ **楽しみとは個人的なものだからだ。個人的なものだから、ほかの人には変に思われることがよくある。**

私がこの章を書いているときは、12月でもないのにバルサム&シダーのアロマキャンドルを灯していた。バルサム&シダーのキャンドルと言えば、クリスマスを想起させる。6月にマライア・キャリーのクリスマスアルバムを聴くようなものだが、そんなことはどうでもいい。私は自分のルールで生きている。

私はバルサムの香りが好きだ。そのキャンドルは確か、一度もろくに使っていない斧と一緒に買ったと思う。どうやら、木というのは男にいつもと違う行動をとらせるようだ。愛情の大本がどこにあるにせよ、とにかくバルサムの香りが好きでたまらない。私にとっては、クリスマスとトナカイと幸せの象徴だ。だから、この本を書き上げるまでにヤンキーキャンドルのバルサム&シダーを60時間ぶん買い、執筆作業のあいだだけキャンドルを灯した。

それには2つの楽しみ方があった。ひとつはもちろん香りで、ユニコーンの吐息のような不思議な香りがする。もうひとつはロウが溶けていく様子を見ることだ。

キャンドルは絶対に最後まで使いきりたい。使いきって空っぽになった容器を棚に並べたい。それを見つめながら、自分ひとりで使いきったと勝利に浸るのだ。

変だろうか？　ああ、変だ。間違いなくおかしい。

だが、Tシャツ欲しさに早朝5時に5日連続でジムに通うのもいかがなものか。私が登録しているジムには、強化週間になるとそういう人が大勢現れる。1週間の強化プログラムに耐え忍べば、最後にTシャツが無料でもらえるのだ。その期間は大きなボードに名前が張りだされ、強化プログラムをやり終えると、名前の横にオレンジの星マークのシールが毎日増えていく。

シールなんて幼稚園じゃあるまいし、と思うかもしれないが、ジムにくれば絶対に、いい歳をした大人が名前の横のシールにはしゃぐ姿を見ることになる。

完璧主義は、そういう変な行動を絶対的に嫌う。それはそうだろう。楽しいことに反対するのだから、変な行動を忌み嫌うのも当然だ。完璧主義にとっては従順な行動がすべてで、変な行動を許容する余地はない。

ときには、報酬と回避の両方のモチベーションを生みだすこともできる。エミリー・ボーツは妹と一緒にダイエットに挑み、落とした体重が少なかったほうが勝者にマッサージ代をおごるというルールを課した。こうすれば、マッサージという報酬による動機が生まれるほか、自分のためではないマッサージの支払いを避けたいという動機も生まれる。

ダイエットの例はもううんざりだろうから、今度は積極的にやりたくない家事についてて見ていきたい。読者のスティーヴン・ナザリアンのやり方を紹介しよう。

「家回りに関する『やることリスト』に終わりはありません。といっても、15〜20分で終わるものが大半です（スイッチカバーの交換、額をかけるなど）。ですから、くたくたに疲れてジェットバスでゆっくりすることしか考えられないときは、リストのなかでもとくに短い時間ですむタスクに無理やり取りかかり、あと少しで終わるというタイミングでバスタブの蛇口をひねります。そうしてタスクを終えた後にゆっくり風呂に入るのです。いままではこれがクセになり、何か生産性のあることを最初にやらないとジェットバスでリラックスできない身体になってしまいました。

パブロフが聞いたら喜ぶでしょうね」

生産性を高める条件づけとしてジェットバスを活用する以上に変なことがあるだろうか？　はっきりいって「ない」。私はスティーヴンのそういうところが大好きだ。

報酬といっても、大きさも種類もさまざまだ。私はある年、出張でどこかに行くたびにレンタカーをグレードアップするというご褒美を自分に与えると決めた。

シアトルのレンタカー会社で、車をグレードアップすると料金はどのくらい変わるのかと尋ねた。店員はタブレットを見ながらこう言った。「一日20ドルの上乗せで、いま借りていらっしゃる年代ものをインフィニティにグレードアップできますよ」。シャーロットでは、15ドル追加して新品のボルボに乗った。ダラスでは、20ドルの追加でキャデラックに乗った。

大した報酬でないと思うかもしれないが、出張ではちょっとしたことが大きく影響する。シアトルではレンタカーで3時間移動することになっていた。スピードが出てかっこいい車を運転できれば、移動が大いに楽しくなる。それが20ドルで実現できるのだ。

車種のグレードアップは報酬としては小さなものだが、そういえば、この本の第一稿を書き終えたときにスキーブーツを買った。金銭的な余裕はあったので、脱稿という目標に到達する前でも買おうと思えば買えたが、それではご褒美にならない。

恐怖心で動く人の場合はどうか？　目標に到達しなかった場合に罰が与えられる状況を思い浮かべるのは難しいが、恐れず想像力を発揮すればいい。テレビドラマ「ビリオンズ」の製作者で映画『ラウンダーズ』の脚本を執筆したブライアン・コッペルマンは、かつて映画の脚本を書き上げたが資金繰りの目処が立たずに困っていた。業界の人たちからは、脚本のテーマが暗いから資金を得るのは不可能だと言われた。実際、彼の計画に乗る支援者はなく、絶望的な状況だった。うまくいかない日々が数カ月続いたのち、彼はナイキのウェブページで奇抜な色合いのスニーカーを自分でデザインした。側面には鮮やかなピンクで彼が映画化したい作品名を記した。**そして、目標を達成するまでそのおぞましいスニーカーを履くことを自分に課した。その日を境に、彼は毎日必ず何かひとつは映画化に向けた具体的な行動を**

起こすようになったという。

変なことを思いつくものだ。だが、映画『ソリタリー・マン』に主演したマイケル・ダグラスはそうは思わないだろう。ブライアンが資金繰りに奔走していたのは『ソリタリー・マン』のためだった。

ラジオパーソナリティのデイヴィッド・フーパーは、キャリアコーチを雇っていたことがある。そのコーチは、一風変わったやり方で恐怖心と報酬を活用したという。コーチはデイヴィッドに小切手を切らせ、デイヴィッドが目標を達成しなかったらこの小切手を彼が大嫌いな政党に送ると告げた。小切手はコーチが預かるため、デイヴィッドには為す術がない。目標に向けて努力しなければ、大嫌いな政党をささやかながらも支援することになってしまう。もっと最悪なことに、小切手が送られれば、その政党の支援者リストに名前が載ってしまう。一度載れば、永遠に名前が消えることのない悪夢のようなリストだ。

あなたにとっての報酬は何か？　恐怖心で動く人なら、脅威になることは何か？　考えてみてほしい。

完璧主義は、楽しいことに価値はないと必ずささやきかけてくる。それだけではない。報酬や恐怖心を目標達成の動機に活用するのは「逃げ」だともささやく。楽しいからといって、そんな奇妙でバカげたことをするのはおまえだけだ、と言い聞かせようとする。

だが、決してあなただけではない。

いまあなたがこの本を読んでいる瞬間、おそらく私はどこかの講演で自爆しないように練習していると思う。あるいは、森の香りのするキャンドルを灯して執筆に取り組んでいるだろう。

目標を達成することに、恐怖心や報酬といった形の楽しみを加えよう。そうすれば、実際に最後までやり切る確率が高くなる。

✔ 年間100冊読む方法

2017年の1月と2月で、私は18冊の本を読んだ。これほどの短い期間で読み終えた本の数としては、間違いなく自己最高記録だ。2016年に読んだ本の数は、

1年全体で見ても18冊もいかなかったように思う。

なぜ2カ月でこれほどたくさん読んだのか？　本棚にある本の10パーセントしか読み終えていないという告白から始まるような本を書いている男が、いったいどうやって？　楽しみの力を借りたのだ。

まず、私は「読んだと数える本」の定義を広げた。オーディオブックを聴いても「1冊」に数えると決めた。1・5倍速で聴いたオーディオブックも「1冊」とする。恐ろしいほどゆっくりと朗読する著者もいるのだ。また、「1冊」と数えるときにページ数は考慮しないことにした。たとえば、短く120ページにまとめられたものが読みたいと思えば、それも「1冊」に数える。2017年は700ページ超えの本も数冊読んだが、読む本すべてが電話帳の厚さである必要はない。それから、**グラフィックノベル**[*4]も読むようになった。このことをブログに書くと、「コミックは本を読んだうちに入るのか？」という声が届いた。

「読んだうちに入る」とはどういうことか？　年間に100冊読むという私の個人的な目標に、目に見えないどんな基準があるというのだ？　私の目標が、誰の基準

＊4　グラフィックノベル…主に大人を対象とした分厚いアメリカンコミック。

にもとづいて判断されるというのか？　私は自分でルールをつくり、楽しく目標に挑むと決めた。オーディオブックもコミックも大好きだ。だからどちらも「1冊」に数えている。

本を読んだときの楽しい報酬も用意した。本を読み終えるたびに、#AcuffReadBooksというハッシュタグをつけて短いレビューをインスタグラムに投稿するというものだ（このハッシュタグもレビューもまだ全部残っている）。投稿するたびに議論が生まれるのが楽しく、オススメの本も教えてもらえる。これらも本当にありがたかったが、本当の意味での報酬は別にあった。

私にとっての報酬は、投稿された記事が増えていくのを見ることだった。私は数字に目がなく、数字がどんどん大きくなっていくのを見るのが嬉しくて仕方がない。本を読み終えるたびに画像が増えていくのは本当に楽しみだった。それを見てくれる人がいるということもモチベーションになる。「すごい、今年はたくさん本を読んでいるのですね！」といったコメントがもらえたときは悪い気がしなかった。どこの誰とも知らない私に目をとめてくれることが嬉しい。まったく知らない人からだとしても、そういう言葉をもらえることが本当に楽しみだった。

ただし、楽しみに思うことに少し気恥ずかしさを感じた。完璧主義が、「目標の達成に他者からの承認を必要とすべきでない」とささやきかけてきたのだ。目標に対しては、自分個人の充実感をモチベーションとすべきであり、他者の承認を楽しみにするなど無意味で卑しい。賢い人や健全な感覚の持ち主なら、自分がやろうとすることを他人と共有する必要はない、と完璧主義は主張する。

だが本当にそうだろうか。完璧な人ならきっと、ゴミの分別も完璧なのだろう。ホールフーズで食事をしても、19に分かれたリサイクルゴミ箱に30分かけてゴミを分別するのだろう。だが私にはそんなことは無理だ。

では私はいったい誰なのか？

私はというと、ハッシュタグをつけてレビューを投稿し、それに目をとめた人から励ましの言葉をもらうのが楽しみで、２０１７年に１００冊以上の本を読んだ男である。

✓ 楽しみの真実

「大事だと思えないことに力を注ぐ行為をストレスと呼ぶ。大好きなことに力を注ぐ行為を情熱と呼ぶ」

サイモン・シネック（注15）

さて、完璧主義に嫌われる3つの行動をおさらいしよう。

1. 目標を半分にする
2. 何を諦めるかを決める
3. やり遂げたいことを自分で楽しくする

これほど簡単な目標設定を推奨する本はほかにない。

真面目な話、楽しみが見いだせるタスクとはどういうものか？

それは、これまでの経験上、うまくできる確率が高いと言えるものだ。

完璧主義が顔を出さないものだ。

最後までやり切りたいとあなたを駆り立てるものだ。

ただし、本当にやり遂げたいなら、諦めないといけないものが2つある。これまで逃げ場所にしていた隠れ家と、やらないことを正当化する高尚な建前だ。

Action

1 目標に向けた行動の楽しさを、10段階で評価する。

2 自分は恐怖心で動くタイプか、報酬で動くタイプかを見極める。

3 楽しいと感じることは、他人から見れば変に思われることがよくある(例:バルサムの香りのキャンドルを灯す)。次の文を完成させて、自分にとって楽しいことを言葉にしてみよう。
「変に思うかもしれないが、私は○○○が楽しい」

4 小さなことでいいので、目標に加えられる楽しみを3つ考えてみよう。

第5章

隠れ家から出よ、高尚な建前を捨てよ

✓ 完璧主義の妨害工作

2004年、私は実在する選手をもとに仮想のバスケットボールチームを競わせる、ファンタジーバスケットボールのニュースレターを大々的に開始した。

NBAに関する記事がインターネット上にめまぐるしく増えた時期に、ファンタジーバスケットボールのニュースレターが数多く登場した。それらを読んでいた人は、もしかすると私のニュースレターも目にしたことがあるかもしれない。

その頃は毎週必ず、私が思い描いたバスケットボールチームに深く入り込み、采配に四苦八苦していた(私のようなバスケ好きのあいだでは、NBAは「未亡人製造リーグ」と呼ばれる。応援するチームが生き残るのは本当に大変だ)。

各チーム、各選手を検証し、データからかすかに読み取れる傾向を分析した。かといって、淡々と分析を綴るわけではなく、文章にはユーモアを散りばめた。リーグでリバウンド率が上位の選手に関する考察が並ぶだけだと思うなかれ。クスッと笑える箇所や、人生の教訓になりそうなことも含まれている。

ニュースレターは10ページの長さに及ぶこともあり、細部に至るまで言葉を尽くした。それは大変な作業だったが、読者、いやニュースレターのファンと呼べる人たちがいたおかげでちっとも苦にならなかった。

私の週刊ニュースレターは何人に読まれていたか？　私が大変な労力を割いて披露したバスケットボールの知識を楽しみにしていた人は何人だったか？　8人だ。

8000人ではない。800人でもない。80人ですらない。ニュースレターの購読者は、総勢8人である。わずか8人しかいないにもかかわらず、なぜ私は毎週多大な時間をニュースレターの作成に費やしたのか？

本を書くことに比べたらラクだったからだ。

目標を設定すると、完璧主義はまず、達成に向けて動きださせないために正面から徹底的に攻撃を仕掛けてくる。

「完璧にできないならやめるべきだ」

「そんな目標では小さすぎる」

「楽しんでやろうとするなど言語道断だ」

それでも諦めず、完璧主義の中傷に屈せず動き始めると、完璧主義は戦略を一変させる。目標の破壊から、達成に向けた行動を妨害するやり口に変わるのだ。

直接攻撃で壁を崩せないとわかれば、ほかの機会を使って諦めさせる包囲網を張り巡らそうとする。それが完璧主義だ。

達成に近づいてくると、人はなぜかそれ以外のことに関心を向け始める。妨害ゴーグルを装着したかのように、ほかのことばかり目に入る。それまでは気づかなかったことが現れて、目の前を軽やかに横切る。「プロジェクトを終わらせるより、本棚を整理したほうがいいかもしれない」「そういえばここしばらく、ファンタジーフットボールのチームを更新していないな」「そうだ、ネットワーク構築の重要性について書かれた本がどこかにあるはずだ」「この書類仕事はひとまず置いといて、社内を回って誰かと話してこよう」という具合だ。

何かに集中しようとすると、なぜかそれ以外のさまざまなことに注意が向く。

「分析麻痺」という言葉を聞いたことがあるだろうか。これは、「完璧な計画を描くことにとらわれて、気をつけていないと実際には何ひとつ行動を起こせなくなること」を意味する。

だが完璧主義の妨害工作は、分析だけでなくさらにもう2つある。

1. 隠れ家
2. 高尚な建前

「隠れ家」は、目標の達成とは無関係な活動を意味する。
「高尚な建前」は、最後までやり切らないことに対するもっともらしい理由を指す。

どちらも、最後までやり切ることの邪魔になる。

隠れ家にこもらない

まずは隠れ家について見ていこう。**「隠れ家」とは、自分がヘマをすることを恐れて隠れる安全な場所を指す。**要は、目標の到達を避けることになったとしても、自分のなかの完璧主義を満足させるタスクに取り組んで、「うまくやっている」と実感するのだ。

隠れ家を見つけるのは簡単だ。生産性のないことに目を向ければいい。たとえば、何かをする時間になると決まってネットフリックスを観ようとするなら、ネットフリックスが隠れ家だ。**自分の努力が不完全に終わることを直視するのを恐れるあまり、努力やスキルがいらない別のことをして逃げているのだ。**

生産的なことをしているように感じる隠れ家もあるかもしれないが、それはまやかしだ。

充実した気持ちにさせてくれるが、本当に終わらせたい大事なことは何ひとつ前に進んでいない。

妻のジェニーは、私に向かってしょっちゅう「ほら、また隠れ家にこもってる」と言う。ある日の午後、ジェニーからこんなことを言われた。「メールの受信ボックスに未読がないときは、執筆から逃げているときだよね」

先にも述べたが、私は電子メールが嫌いだ。受信ボックスも嫌いだ。メールというコミュニケーションの形のすべてが嫌いだ。ところが、ほかにやり遂げないといけない仕事があるときは、絶好の隠れ家になる。メールの処理に終わりはない。つねに空にできるフォルダや、メールを送る相手が見つかる。完璧なメールを書けば、一所懸命に仕事をしているという気分になれる。

何が最高（厳密には最悪）かというと、返信して受信ボックスが空になっても、必ずまた返信が届くところだ。そうすれば、ボックスは再びいっぱいになる。このサイクルは、寄せては返す波と同じで終わりがない。それに、返信は仕事につなげるためだと自分を正当化することもできる。顧客からの問い合わせに答えていると、優秀な経営者になったような気分になる。仕事らしい仕事はほとんどせずに、達成感だけはしっかり味わえるのだ。

そしてこう思う。「こんなにメールがなければ最高の本が書けるのに！　ああ、世界は残酷だ。返しても返してもメールが届く。こんなに忙しくなければなあ」

大事なことを最後までやり切るには、避けなければならない隠れ家が2パターンある。それらの簡単な見つけ方をお教えしよう。

1．そこに行くのは偶然か？

気づいたら本来の目標とは違うことをやっている場合、おそらくそれはパターン1の隠れ家である**「明らかな時間潰し」**だ。気づいたら大変な仕事にたまたま手をつけていた、などということは絶対にない。避けようとしている仕事は、思いがけず着手するものではない。「気づいたら、届いていた履歴書の仕分けを始めていたよ。何週間も先延ばしにしてきたことが、これでようやく片づいた！」ということは起こらない。筋トレも同じだ。「テレビを観ようと思っていたんだけど、いつの間にかスクワットをしていた」ということは絶対にない。難しい仕事や大変なことには自制心が必要になる。完璧主義が提示する隠れ家では自制心がいらない。爪を噛むクセのある人は、意識して爪を噛むのではない。気づいたら噛んでいる。ストレスを感じたときはとくにそうだ。いつの間にか取りかかってしまうプロジェクトがあるだろうか？　どうしてもやらずにはいられない仕事があるだろうか？　私が会社勤めをしていたとき、ザ・ホーム・デポに向けたポストカードづくりに何時間も費やしたことがある。すると上司が私のところへやってきて、そんなポストカードは誰も覚えていないと釘を指した。ホーム・デポの重役が吟味するのは、私が書くことになっていた新しいカタログだ。そのカタログで会社の事業が大きく方向転換したことを表すことになっていて、私は作成に苦戦していた。カタログの制作よりも、ポストカードをいじり回しているほうがよかった。そのほうがはるかに簡単なので、大きな仕事に取りかからず、気づけばそちらに手が伸びていたのだ。あなたにも、携帯電話を手にしたら何も考えずに開くアプリがあるのではないだろうか？ 誰にでもそういうアプリはある。あなたも電話を手にしたとたん、気づいたらインスタグラムをスクロールしているのでは？

2. 時間を割く理由を正当化するのに、ケヴィン・ベーコンにつながるまでの6人を数えないといけないか？

何段階にも理由をつけた複雑な説明でないと価値を証明できないことは、たぶん、時間を割く価値がない。おそらくは、パターン2となる**「生産性がある顔をした隠れ家」**にこもっているということだろう。私がいっとき取り組んでいたファンタジーバスケットボールのニュースレターにしても、「一貫性のあるコンテンツによって読者層を構築するノウハウを学ぶためだ」と主張しようと思えばできた。役に立ちそうに見えるという意味では完璧だが、一皮むけば化けの皮が剥がれる。何週間もかけて、バスケットボールにまつわる楽しい記事が好きな読者層を構築したとして、その読者層に、目標設定に関する面白い見解も気に入ってもらえるとどうして言えるだろう？　どのようにして興味が推移するというのか？　「マイケル・ジョーダンの垂直ジャンプについての私の見解を気に入ったのなら、プロジェクトをやり遂げられないことについての本も気に入ってもらえるんじゃないかな。探せばこの2つにも関連性はきっとある！」などということは絶対にない。

本を執筆するという本来の目標から何歩か遠ざからないと、バスケットボールのニュースレター制作を正当化することはできない。あなたがいま取り組んでいることとは、最後までやり切りたいことだろうか？　それとも、本来の目標から数歩遠ざかり、独創性をいくらか盛り込んだ説明が必要なことだろうか？

3．友人はどう思うか？

本気で自分の隠れ家をあぶり出したいなら、友人に尋ねるといい。人は、いま取り組んでいるのは有益なことだと自分に言い聞かせれば、簡単に騙されてしまう。だから、自分より友人のほうが、隠れ家を素早く見つけてくれる。親しい友人の誰かをつかまえて、自分は目標のためになるとは言えないことに時間やエネルギーやお金を使っていないか尋ねてみよう。完璧主義が尋ねるなと言ってきても、決して耳を傾けてはいけない。完璧主義は、あなたひとりで判断させようと、友人に尋ねても騙されるだけだと思い込ませようとする。「誰も必要としないくらい強くあるべきだ。友人に頼るなんてバカげてる」とささやきかける。完璧主義はなぜそんなことをするのか？　チームよりひとりを相手にするほうがやっつけやすいからだ。それに、これまでに下した最悪の決断を振り返ればわかるはずだ。そのほとんどは、自分ひとりで決めたものだ。

この3つの問いかけを使って、隠れ家にしている活動を見つけてほしい。

隠れ家が判明したら、それに費やそうとする時間、エネルギー、お金を、目標の達成に役立つことに使うのが賢明だ。

たとえば音楽アルバムのための曲を書きたいなら、曲を書くのに必要なことをする。私には具体的なことはわからないが、時間とエネルギー、おそらくはお金も必要になるということはわかる。

隠れ家を特定したら、そこに逃げ込むことをいますぐやめる。テレビを観ることに使った時間は二度と戻ってこない。ボン・ジョヴィの曲の歌詞にあるように、鉄の拳を握って目を覚まし、朝に向かってフレンチキスをしていれば、その時間は二度と戻ってこない。(注16)それにラブソングの歌詞としてこれほどゾッとするものもない。歌詞の意味すらわからない。飛行機のなかでうたた寝から目覚めた誰かが朝に向かってフレンチキスをしているのを見たら、航空警察を呼びたくなる。

使ったエネルギーを測定するのは時間ほど簡単ではないが、その価値は時間と同じくらい貴重だ。アインシュタインは、この上なく退屈な特許事務所に雇われていたあいだはその仕事に最善を尽くした。(注17)それが何の役に立ったのか？　事務所の仕事では、彼の創造力が奪われることはなかった。よって、創造力をフルに残した状態で家に帰ることができたのだ。可能であれば、隠れ家ではエネルギーを消耗しないほうがいい。

そして、隠れ家にお金を使うのもやめよう。とても気に入っているジムにお金がなくて通えない人は、休暇の贅沢な旅行が隠れ家になっているのかもしれない。

時間、エネルギー、お金には限りがある。それは誰にとっても同じだ。

この3つのいずれかを盗むものには、くれぐれも気をつけてほしい。

ただし、なかには目標の達成の邪魔ではないものがある。それらを責務と呼ぶ。たとえば会社の仕事。あまり好きではないかもしれないが、それは隠れ家ではなく果たすべき責務だ。責務には、時間とエネルギーを費やす必要がある。また、子供と過ごす時間も無下にすべきではない。まだ小さかった子供たちが昼寝をしなくなったときは本当に大変だった。子供がいないとピンとこないかもしれないが、子供がいる人はそのつらさを身をもって知っている。子供たちとは、昼寝をどうするか話し合うことも、続けるかやめるかを投票することもなかった。ある日突然、昼寝はもういいと子供たちが勝手に決めてしまった。土曜の午後に彼らが昼寝する90分が、どれほど貴重だったか。その時間は自由が手に入る。自分のためだけに使える時間だ。何に使うかを自分で決めることができる。

だが、その時間は消え去った。

小さな子供がいる人は、いずれ必ず経験する。子供というものは、一年を通じて毎日同じ時間に起きる。だがそれは、親が自分のために早起きしようと決めるまでの話だ。早起きした日に限って、いつもより早く起きた子供がやってきて、スティック型ヨーグルトについて次々に質問を投げかけてくる。だがそれは素直に受け入れよう。子供との会話は時間やエネルギーを割くべきことだ。同じことは、健康に関することや、配偶者との会話にも言える。

だが、あなたがつい手をつけてしまう、あなたの夢の実現を遠ざけてしまうことについてはどうか？　本当に大事なことの代わりに時間を費やしてしまうことも、責務と呼べるのか？　隠れ家で得られる平穏は、偽りの平穏だということに気づいてほしい。隠れ家はあなたを守ってくれない。それどころか、目標の達成からあなたを遠ざけ続ける。隠れ家は、完璧主義が用意した罠だ。そこから抜けだして光の射す場所へ出ていこう。

いや、ただ抜けだすのではなく、隠れ家を自分のためになるツールに変えよう。そうすれば、大事なことを終わらせやすくなる。

柔道のコツにならう

隠れ家に逃げ込んだ経験のある人ならわかってもらえると思うが、新たな目標に夢中になりたいなら、古い目標を終わらせるのがいちばんだ。

何かがもうすぐ終わるというときほど、新たなことに思いを馳せるタイミングはほかにない。

「次にする何か」はどんなときでも、「いまやっていること」より魅力的に見えるものなのだ。

目標を思いついてそれが楽しくなったとたん、隠れ家である新たな目標のことが頭から離れなくなる。最終的にそうなるのでも、いずれそうなるのでも、14日めにそうなるのでもない。1日めに頭から離れなくなる。そうすると、港を出発もしないうちから、完璧主義が別の港からあなたに呼びかけてくる。

この誘惑に対する最悪な行動は何か？　それを打ち消そうとすることだ。

「集中しなくちゃ」

「そんな声は無視しろ」

そう言い聞かせていると、もっと努力しようとする昔のクセが蘇る。打ち消す努力を続けていれば、誘惑があまり気にならなくなる。完璧主義の登場だ。

だが、それが完璧主義による妨害工作ではなく、素晴らしいアイデアだったとしたらどうだろう。どこからともなく現れた新しい何かが、実はあなたが絶対にやるべきことだとしたら？　それが人生最高のアイデアで、全精力を注ぐべきものだとしたら？

その新たなアイデアが本当にそうかどうかは私にはわからない。だが、それを無視するのはダメだということはわかる。

無視しようと抗うことは時間とエネルギーのムダだ。素直に受け入れたほうがいい。素晴らしいアイデアかもしれないと認めるのだ。そのうえで、いま取り組んでいる目標を達成するのに必要な条件を模索する。

柔道では、対戦者の力を止めようとはせずそれを利用する。相手の勢いや体重や強さを受け流すのだ。身体をぶつけてくる対戦者を押し返すのではなく、自分の身体を反らす。そうすれば、相手は自らの勢いでつんのめる。妨害の声が大きくなってきたときも、これと同じアプローチをとればいい。

たとえば、私はポッドキャストを始めたいと考えている。ずっと前から始めたいと思っていたが、やる気が出たのはこの本の最終局面に入ったときだった。終わりに向けて本腰を入れて書き始めたとたん、ポッドキャストがとてつもなく魅力的に思えて仕方がなかった。ポッドキャストに呼ぶゲストの名前やゲストに尋ねる質問、労力をかけずに視聴者を増やす方法が次々に浮かんだ。

そして私はどうしたかというと、そんな自分を恥じたり、ポッドキャストへの思いを無視したりすることなく、**この本の最後の1行を書いたらすぐに取り組むと決めた。なかったことにはせず、「あとでやる」ことにしたのだ。**

自分が心から喜ぶご褒美を用意したいなら、自分にとって輝いて見える新たなアイデアや目標をゴールラインに据えるといい。輝いて見えるものを無視する気持ちを育ててはいけない。その輝きを曇らせてはダメだ。真昼の太陽以上の輝きを保たせるのだ。いずれにせよ、その輝いている目標が、いま取り組んでいることのゴールラインのほうを向いていればいい。

ポッドキャストを始めるのは、いま書いている本を書き終えてから。
いま取り組んでいるダイエットを最後までやり切るまで、ほかのダイエットには手を出さない。
最初のアイデアを形にするまでは、ほかの小さなアイデアに手をつけない。

いま取り組んでいることのゴールラインの向こうに、次に夢見る目標を置き、いま取り組んでいることを次の目標からの隠れ家とするのだ。そうすれば、いま取り組んでいることを早く終わらせようとするようになる。

高尚な建前にご用心

隠れ家をあぶり出そうとすると、完璧主義は「高尚な建前」を投げつけてくる。目標を達成できない「もっともらしい理由」を並べ立てるのだ。たとえば、「それをするつもりなら、きちんとやったほうがいい」とささやきかける。そのときに、「きちんと」とはどういうことかを具体的に定義しないと、厄介なことになりやすい。

厄介なことはたいてい次の2パターンに分かれる。

第1パターンの建前は、「Yをやってからでないと、Xに向かうことはできない」という狡猾なものだ。要は、別のことを先にやってからでないと、目標に向かうことはできないというのだ。そして第2のパターンは、目標を達成してしまったら、悪い結果が生まれたり、あなたの評価が下がったりするというものだ。

起業を目指している人は、起業したら働き詰めになるのではないかという不安をよく口にする。「目標に向かって一歩踏みだしても、そこには泥沼の離婚劇が待ち受けているので踏みだす価値はない。本気で起業するなら、後悔しないように、事前にできることをしっかりと考えるべきだ。起業を避けているんじゃない。結婚生活を守ろうとしているだけだ」と言いたいらしい。なんとも高尚な（！）考えだ。

友人のビルは、高尚な建前のせいでいつまでたってもガレージの掃除に手をつけられない。

ビルは、ガレージがきれいになることは絶対にないとわかっている。ガラクタの山に通じる細い道を歩くたびに、このガレージがきれいになるより先に自分の寿命が尽きそうだと実感する。辺りが暗くなって冷蔵庫の前で一杯やろうとしているときにそんなことは考えないだろうが、そう思っているのは間違いない。

私は彼に同情する。私は一度、ガレージを掃除していて30センチもあるハトバネズミに出くわしたことがある。波止場の近くに住んでいたわけでもないのに、なぜいたのかはわからない。ハトバネズミは、「ドブネズミ」とも、「家を売りに出したくなるネズミ」とも呼ばれる。『ニムの秘密』に出てくるような姿でカーラジオを盗まないネズミだったらよかったのだが、現実はそううまくいかない。

ビルのガレージにネズミがいるかどうかは知らないが、彼が「ガレージの掃除は永遠に終わらない」と妻に告げられないことは知っている。

そう告げられない彼は、妻からガレージの掃除を促されるとこんなふうに答える。

「そうだね。掃除しよう。まずはガレージセールを開こう！」

一見すると、彼の言葉は目標の達成に向けた最善の答えのように思えなくもない。妻に反論するどころか、妻の提案に賛同し、やる気まで見せている。掃除に対する承諾に加え、それを通じてお金を儲けるアイデアまで出している。いいことずくめだ。

だが、ビルの妻は彼の真意を見抜いている。

ビルはガレージの掃除に向けた第一歩を踏みだしているのではない。高尚な建前を口にしているだけだ。

高尚な建前は、本来の目標以上に達成を困難にして、終わらせなくてもいいように仕向ける。しかも、それが理にかなっているように思えてしまう。

私が本を執筆せずに書いていた、ファンタジーバスケットボールのニュースレターは「隠れ家」だ。

一方、「ビジネス書ベスト100にランクインしている100冊を読み終えてからでないと本は書けない」という考えは、「高尚な建前」だ。

ビルと彼の妻は、結婚してから20年のあいだずっと、一度もガレージセールを開いたことがない。ビルは開きたいと思ったことすら一度もない。週末にどこかのガレージセールに出かけることもない。妻から追い詰められるまで、その言葉を口にしたことすらなかった。追い詰められた瞬間、彼は高尚な建前を編みだしたのだ。

ガレージセールが加わることで、ガレージを空にするという目標にどれほどの工程が増えるか考えてみよう。次に紹介するのは、思いついたうちのごく一部だ。

1．ガレージセールに最適な日を選び、その日の天気、出張の予定、子供のサッカーの予定を確認する。

2. HOA（住宅管理組合）の規約に目を通し、ガレージセールに関する奇妙な制約がないか確認する。

3. ガレージセールを宣伝する看板やチラシを作成する（例：「ハトバネズミ売ります！」）。

4. 作成した看板やチラシを人目につくところに置く（貼る）。

5. ピンタレストで「ガレージセール」を検索し、ケーキポップなど魅力的になるアイテムについて学ぶ。

6. ガレージの掃除をし、売りに出せるものを把握する。

7. ガレージ内にあるものを、「売るもの」「捨てるもの」「とっておくもの」に分類する。

8. 売るものすべての価格を決める。

9. 売るものすべてに値札をつける。

10. 売るものをガレージの前に並べる。

11. 銀行へ行き、このご時世にいまだ現金で支払うたった2人のために釣り銭の準備をする。
12. デビットカードでの決済を可能にするため、スクエア（カード決済サービス）のアカウントを作成する。
13. ガレージセールを開く。
14. ガレージセールでの買い物に慣れた変わり者たちと価格の交渉をする。
15. 売れ残った品を確認する。
16. 売れ残った品をガレージに戻す。

ガレージを掃除するという目標ではひとつだった工程が、まずはガレージセールを開くと言ったがために16に増えた。

この高尚な建前のせいで、ビルが現実に掃除に手をつける日は絶対に訪れないとは思わないだろうか？　ビルの妻は、ガレージを火炎放射器で焼き払ってもらいたいくらいに思っていただろう。だが、ガレージセールを開くという高尚な建前を持ちだされては、同意するしかない。

こういうことをするのはビルに限った話ではない。誰もが高尚な建前を持ち合わせている。あなたにもいくつかあるはずだ。

「～してからでないと」は諸悪の根源

高尚な建前には、個人的で独特なものがある。一方、多くの人に共通する、よく耳にする建前もある。「～してからでないと」もそのひとつで、私自身このフレーズを何度も使ってきた。

「自分が本当に構築したいビジネスが何かを理解してからでないと、税金の申告に手をつけられない」

私が友人にこう告げると、その友人は笑い飛ばした。

カレンは、「著作権に詳しい弁護士の確認をとってからでないとブログを始めない」と言う。ブログが人気を博したらコンテンツを盗まれるのではないかと心配しているのだ。彼女が私に宛てたメールによると、ブログのコンテンツを使ってTシャツやフォーム素材の帽子をつくり、ブログをグラフィックノベル化した誰かに、彼女が得られるはずのロイヤリティーが奪われるのではないかと心配しているようだった。私も物書きのひとりだが、フォーム素材の帽子でいくら儲かったかの公表はとてもできない。

カレンの懸念は少々行き過ぎのように思えるかもしれないが、考えてみれば、心配ごとが合理的であることはほとんどない。

カレンの懸念は、高尚な建前の第1パターンの典型だ。著作権に詳しい優秀な弁護士は、そう簡単には見つからない。それに、私の経験から言って、そういう弁護士は高いので、弁護士に相談するなら、ブログを始める前に弁護士費用を貯める必要もある。始める前にすることがまた増えたではないか！

第1パターンの建前を活用するのは物書きに限った話ではない。最高のプログラムを見つけてからでないと、トレーニングはできないと言っている男性を何人も知っている。**そういう人は、失敗や間違いをとにかく嫌う。**だから、調べる時間がないというだけの理由で、どれも選ぼうとしない。

「～してからでないと」は、あなた自身がつくりだした障害だ。進むべき道に、今日から始めるなどとても無理だと思えるほどの障害を置く。そして、「これほどの障害があるのだから、今日のところはやめておいたほうがいい」と自分に言い聞かせる。

この「～してからでないと」は、責任の皮をかぶることがあるのが厄介だ。怠け心からではなく、始める前にすべての準備を整えるためだと思わせるのだ。

食事のどこに問題があるかを把握してからでないと、ウォーキングのペースを昨日より上げることはできない。

本の全容を把握してからでないと、書き出しの数百ワードは書けない。

片づける場所がすべて決まってからでないと、部屋の掃除は始められない。

30日間ハッスルに取り組んだ人の多くは、「完璧な目標を掲げてからでないと、何も手をつけられない」という思考にとらわれた。ある受講者は次のように述べている。「はっきり言って、アイデアはたくさんあります。どれも最高で、その根拠も説明できます。ただ、複数のアイデアを実践するとなると、どれも凡庸になってしまうのです」

すべての障害を取り除いてからでないと何もできないと思っているなら、一生動きださないままだ。何ごとにおいても、思いがけない障害は必ず現れる。人の思考は、どんなことをしてでも何かに集中するのを避けようとするところがある。

「～してからでないと」という言葉は、ベーコンなしで口に入れてしまった芽キャベツを吐きだすかのように口をついて出る。ウエイトトレーニング前の食事は、野菜にベーコンがたっぷり添えられていないととても食べられたものではない。

✓「～にはこんなデメリットがある」

ウエイトトレーニングと言えば、面白い建前をいくつか知っている。ある男性は、「ムキムキになりすぎるのが嫌」だからトレーニングをしないのだと私に言った。ウエイトに触る前から、筋肉がつきすぎてボディビルダー用のスウェットしか着られなくなることを心配しているのだ。「いますぐ身体を鍛えたいけれど、新しい服を買う金がない。プロテインを大量に飲むことになるから、速筋がきっと天井知らずに大きくなる」

これは、高尚な建前の第2のパターンだ。こちらでは、「〜してからでないと」は使わず、**「〜にはこんなデメリットがある」という言い方をする。目標に向かって行動を起こしたときに生まれるかもしれないデメリットを強調するのだ。**最後までやり切ったら、とんでもないことが待ち受けているかもしれない。人が変わって嫌なやつになるかもしれない……。とにかく、賢明でいい人でいるには、最後までやり切ることはできないという主張だ。

この第2パターンは、お金が関係することが多い。たとえば、身体にいい食べ物を買うと貧乏になるから、健康的な食事はとらないという人がいる。グラスフェッドや放牧で育てられた肉に比べたら、ファストフードははるかに安いので、経済観念のある人なら健康的な食生活は断念するはずだ、と彼らは主張する。お金が理由にならないときは、「目標を達成しようとするのはひとりよがりの行為で身勝手だ」というように、謙虚さを主張すればいつでも高尚な建前が完成する。

「〜にはこんなデメリットがある」という言い訳をする人は、極端な2択しかないと自分に言い聞かせている。ウエイトトレーニングに一切手を出さない。トレーニングすれば、見違えるほど痩せて新しいジーンズを買わないといけなくなり、トレーニング前のサイズのジーンズをはいて、ぶかぶかになったウエストを引っ張っている写真を撮るハメになる。起業はしない。起業すれば、毎日22時間働くために麻薬に手を出すハメになる。自分の制作した商品は販売しない。販売すれば、世界一最悪な営業マンに自分がなってしまう。このように、極端な2択だけで中間がないところには、高尚な建前が存在する。

✓ 自分で難しくしすぎるな

覚えておいてほしい。完璧主義に「グレーゾーン」はない。あるのは黒か白のどちらかだけ。完璧にやらないなら一切やるな、というのが完璧主義だ。

私は、高尚な建前のせいでコンピュータをなかなか買い替えられなかった。

昨年は、ノートパソコンを使うたびにファイルを削除しないといけなかった。起動ディスクがいっぱいになっていたのだ。その意味するところは、正直言ってよくわからない。そのメッセージが出るときは、たいていコンピュータが固まっていてグーグルを使うことができないからだ。仕方がないので、コンピュータを重くしている家族写真などを、マイクロソフトのワードがまた動きだすまでひたすら削除する。

新しいコンピュータを買う金銭的な余裕はあっても、私はアップルストアに足を踏み入れるのが少々怖い。いまではレジがどこにあるかもわからない。商品を自分でレジに持っていくのか、レジカウンターの後ろに商品が積んであり、カウンターで欲しい商品を伝えて買うのかもわからない。私がアップルストアへ行ったらどんなことになるか。おそらくは明るい店内をうろうろしたあげく、無地のTシャツを着た誰かに向かって「コンピュータを買いたいんです。これください！」と言うだろう。するとその店員は、「ジーニアスバーで購入予約をされましたか？」と私に尋ねるだろうが、私は「何を言っているのかわかりません。お金ならあります。このお金でコンピュータを売ってください」としか返せない。

店員は、「そうですか。何をお探しですか?」と尋ねてくるだろう。だが私には、何を探しているかがわからない。いま持っているコンピュータより容量が大きくて、速く動くやつがいい。店員はさらにiTunesのパスワードを尋ねてくるだろうが、それも私にはわからない。すぐに忘れてしまうので、アプリをダウンロードするたびにパスワードを変えているからだ。店員はきっと、「大丈夫ですよ。血液型からお調べできますから。血液型は何ですか?」と尋ねる。だがそれもわからない。私には、購入に必要な情報を何ひとつ提供できない。そうして店員の目を見ると、翌日に最新モデルが発表されると言っているように見えてくる。だが店員は、決してそのことを教えてくれない。

仮に最新モデルはいつ発売されるのかと尋ねたところで、店員は「発売されませんよ」としか答えない。だがその言葉には、「おまえの購入が完了したとたんに発売日が正式に発表される」という裏の意味があるのではないか。私は、いま買おうとしているのは実は最新ではなくひとつ前のモデルだと直感して不安になる。そうだ、きっとそうに違いない。明日になれば、さらに薄い最新モデルが発表され、シナモンの香りやホログラムを映す機能や「自動で本を書き上げてくれる」ボタンが搭載されているのだ。

最新型だと思って購入したコンピュータを持ってカフェへ行けば、ロバを連れてきたかのように笑い者になるのがオチだ。いや、それは手持ちのコンピュータのデータを、新しいコンピュータに無事に移行できたらの話だ。どのファイル、プログラム、曲、写真、動画を移行すればいいのか。その決断を、ショッピングモール内のジューススタンドの近くにある店内でしないといけないのか。私のこの3年間の人生が、移行するデータを通じて会ったばかりの店員に品定めされてしまう。「休暇の写真が少ないな。トロフィーや表彰式の写真もない。お子さんはあまり行動的ではないのかな。まあ、人生は人それぞれだし」などと思われるのだろう。

それに、私が8年前から実践している保存方法は、あまり効率的ではない。2006年から、ファイル、写真、スクリーンショットが雪だるま式に増え続けているのだ。5年ごとに不要なファイルを少しばかり容量の大きな保存領域に移動させることしかしていない。太平洋に浮かぶゴミの島を、大西洋に移動させているような感覚だ。だから、新しいコンピュータに替えても、使う前から不要なもので半分はどいっぱいになってしまう。

私はアップルのビジネスチームの人と一瞬話したことがあった。ふとその事実が頭をよぎり、法人としてコンピュータを買えばいいと思いつく。ただし、数週間前に会社の書類手続きを終えたところなので、「コンピュータを買いたいのですが」というときも不安は拭い去れない。店員から会社の登録番号を尋ねられたら、私はきっと、「12！　たしかそうだよな。ええ、12です」と答える。だがその数字は間違いで、私は凍りつく。そして、時代遅れのジーンズをはいている自分に気づき、そもそも店内に入れてもらうべきではなかったと後悔する。そしてその場から、展示されているｉＰａｄ　Ｐｒｏ、店内にいる店員、写真を撮っている人、中世の歴史を学んでいる大学生らをドミノのようになぎ倒しながら走り去る。コンピュータを買うより、会社の登録手続きをした弁護士と話すのが先だ。

おまけに、私は18カ月ほどＯＳをアップグレードしていない。自分のＯＳが、スノー・レパードなのか、ローリング・タイガーなのか、レイジー・エレファントなのかもわからない。「OS Xにアップグレードできます」というメッセージが出ても無視し、そのうちコンピュータが勝手に必要な修正を自ら行うようになることを待ち望んでいる。ただし、**スカイネット**[*4]がいよいよ現実になっても、殺されるのはゴメンだが。

このように、私はコンピュータを買いに出かけたときのことをこと細かに思い巡らせた。これが高尚な建前となったのだ。私が買いたかったのは、新しいコンピュータではなく完璧な新しいコンピュータだった。だからといって、ITの専門家を雇ってコンピュータの買い方に関するレクチャーを数時間受けることはせず、最大限に厄介なことが自分の身に起こることを想像した。

私はものごとを簡単にしようとしなかった。これはとても残念なことだ。**フィニッシャーはどんなときでも、ものごとをラクにすることばかり考えている。**

＊4 スカイネット…映画「ターミネーター」シリーズに登場する、自我を持つとされる架空のコンピュータ。

そう簡単には簡単にならないが、そうするだけの価値はある

フィニッシャーは、ものごとを複雑にしたり難しくしたりしない。高尚な建前を並べて諦めたりもしない。やり遂げたいことがあれば、始める前の時点で自分に有利な状況をつくりだす。

「有利な状況をつくりだす」というと、少々ズルく感じるだろうか。だとしたらいいことだ。**この本で紹介することには、ズルいと感じるのが正解だ。**

心配しなくても、有利にするのは少しでいい。寝る前にトレーニング用の着替えを準備するだけでも「有利な状況」となる。午前6時はやる気が起きず、暗がりで靴下がすぐに見つからないだけでトレーニングをやめたくなるからだ。また、午前中の疲れていないうちに大事な仕事の段取りをし、午後からの激務に備えれば、「有利な状況」が生まれる。ときには、よちよち歩きの我が子が気に入っているぬいぐるみを2つ買うことも当てはまる。2つあれば、観光スポット帰りに立ち寄ったパ

ーキングエリアにうっかりぬいぐるみを忘れても、世界の終わりは避けられる。何なら、ラジエーターホースを用意するだけでもいい。

これはジェイソン・カナップという男性が実際に行ったことだ。彼はノースカロライナ州の山中にある工場で、家具を組み立てる仕事に就いていた。毎日8時間、最速でソファを組み立てる。彼はそれを得意とし、一時間に8脚完成させることができた。組み立てたソファーの数に応じて賃金が支払われるため、ジェイソンはつねに組み立てるスピードが上がる方法を模索していた。

そのうち、ソファの脚を回して固定する工程がいちばん厄介だと気づいた。ほかの部分は、道具を使って素早く組み立てることができたが、脚については手で回す以外に方法はないと思われていた。試行錯誤を重ねた末、短いラジエーターホース、ビット（ドリル用の刃）、エンジンブロックの側面についているフリーズプラグをソファの脚に取りつければ、電動ドリルを使って本体に固定できることがわかった。さらに簡単な修正を加えると、脚の固定にかかる時間が50パーセント近く短縮した。大した違いではないと思うかもしれないが、その変化により、平均的な週では、一時間あたりに完成させる数が10脚まで増えた。家具会社がジェイソンの発明を知ると、彼を昇進させて全社員にそのやり方を広めた……とはいかなかった。実際には、ほかの社員に対してフェアではないから短縮する方法は使うな、と会社から通告された。官僚主義の新たな定義をお探しなら、この会社を使うといい。

ジェイソンは納得がいかず、道具を使うことをやめなかった。その代わり、ラジエーターホースを使った装置をさらに19個つくり、同僚にも使えるようにした。

ジェイソンはまぎれもないフィニッシャーだ。フィニッシャーは、自分がラクをするための努力を惜しまない。一方、スターターは反対方向を目指す傾向があり、ガレージセールを開くといった妨害工作を自らつくりだす。

完璧主義は、つねにものごとを難しく複雑にしようとする。

フィニッシャーは、ものごとをやりやすくラクにしようとする。

次に目標ができたときは、達成に向かっている途中で次の2つを自分に尋ねてみてほしい。

1．もっとラクにできないだろうか？
2．もっと簡単にならないだろうか？

ビルがこの2つを問いかけていれば、妻とのあいだで妥協案が生まれていただろう。本当にガレージにあるものを売りたいなら、売るものを5つ決めて地元のウェブサイト上で販売することができた。

5品の販売なら、ガレージにあるもの全部を売るよりはるかにラクだし簡単だ。その目標を達成したら、次は10、いや20品の販売に動いたかもしれない。

終わらせたいことがある人は、とにかく簡単にすることを目指してほしい。

時間はまだある

隠れ家に逃げ込むと、「隠れ家にそんなに長く逃げていたのだから、時間はもうない」と完璧主義がささやいてくる。魔法の窓はもう閉じてしまった。チャンスは消えた。おまえはチャンスを逃した大バカモノだ……。

1970年代に、ふたりの作家が1本の映画の脚本を書き上げた。ふたりは必死に売り込んだが、誰も関心を示さなかった。結局、その脚本は19年間にわたって映画会社の重役の本棚に眠ることになった。数年に一度、埃を払って社内で検討されたが、やはり「いや、これはダメだ」と一蹴《いっしゅう》された。

その後、脚本はトニー・クランツというエージェントの手に渡った。彼は映像化のために懸命に闘い、とうとう実現にこぎつけた。映画の脚本だったがテレビドラマとなり、アメリカのテレビ史上最大の成功を収めることとなった。(注18)

そのドラマのタイトルは「ER」。そして、初放送の20年近く前に脚本を書き上げたふたりの作家は、『ジュラシック・パーク』で一躍有名になったマイケル・クライトンと、全作品で名声を得ているスティーヴン・スピルバーグである。

19年とは、とんでもなく長いあいだ棚に眠っていたものだ。

あなたがどのくらい目標から逃げてきたかは私にはわからない。19日かもしれないし、19年かもしれない。いずれにせよ、正確な時間はどうでもいい。結果は同じなのだから。

目標の重要性から目をそらしたくて、過剰に子供をかまっていないだろうか？メールの受信ボックスを整理しながら、ビジネスプランの作成から逃げていないだろうか？

隠れ家から出てきたとしても、目標を自ら複雑にしているということもある。外国語を2つ同時にマスターすることを目標にしようとしていないだろうか？また、高尚な建前を並べて、誤った道を進んだこともあるのではないか？本を書き上げてもいないのに、販売時のマーケティングプランを心配するのは高尚な建前だ。

1カ月のあいだ1分たりとも運動をしていないのに、炭水化物のグラム数を量るのも高尚な言い訳だ。

会社を設立するための書類手続きを終えてもいないのに、25の同業他社について調査するのも高尚な建前だ。

目標を立てるのは簡単だが、達成するのは簡単ではない。逃げ込む隠れ家を手放そう。高尚な建前をすべて捨てよう。さて、章の終わりにこんなことを言うのは憚《はばか》られるが、それらができたら今度は、「鳥」を始末する準備に取りかかってもらう。

Action

1 3つの質問を通じて自分の隠れ家を見つける。

2 見つけた隠れ家のことを友人に話し、隠れ家に逃げ込んだと気づいたときに指摘してもらう約束をとりつける。

3 「次の目標」のリストを作成し、新たなアイデアが浮かんだときに書き記す。

4 家具職人のジェイソンにとってのラジエーターホースを探す(目標の達成が簡単になる方法を探す)。

5 目標の達成に直接関係しない自分の行動を洗いだし、関係ないことをしていたと認め、その行動を排除する。

6 親しい友人に、あなたが使っている高尚な建前を指摘してもらう。

第6章

自分だけの暗黙のルールを可視化する

カッコウはひどすぎる

鳥の世界でいちばん嫌なやつというと、カナダ雁《がん》を思い浮かべる人が多い。

私は毎年、「カナダよ。今年もまたおたくの雁がやってきた。早く引き取りにきてくれたまえ」とツイートしたくなる。カナダ雁は、「もうすぐちゃんとするから」と約束しては家出を繰り返す25歳の息子のようなものだ。ただし、ゴルフコースに現れたときは別で、一日中スナップチャットでその姿を目にすることになる。その反面、走る車の前を平然と横切るようなこともする。せっかく飛ぶ能力が備わっているというのに、なぜやつらはどこでもかまわず歩きたがるのか？

雁は確かに嫌なやつだが、そのさらに上をいく鳥がいる。

この世で最低最悪の鳥は、絶対にカッコウだ。

卵を産む季節になると、極めて無責任なカッコウはほかの鳥がつくった巣を探す。その鳥に自分の卵を育ててもらい、自分はその間にさらに子供をつくる腹づもりなのだ。母親カッコウはきっと、「この子を育てる時間はないの。だって、クラブに行けなくなっちゃうじゃない」などと言っているに違いない。オスのカッコウがテレビのトークショーに出演したら、「おまえはそれでも父親か！」と世間から非難を浴びるだろう。

巣に卵を産みつけられた鳥は、カッコウの卵が紛れ込んでいることにまず気づかない。卵の色味はほとんど同じだし、おそらく鳥は計算があまり得意ではないので、卵の数が増えても気づかないだろう。

カッコウはほかの鳥に比べて孵化にかかる時間が短いので、巣のなかでいちばんに孵《かえ》る確率が高い。そして、孵ったヒナは真っ先に何をするか？　ほかの鳥を殺す。聞きたくないと思うが、その鋭い下くちばしでほかの卵を粉々にするのだ。ほかの鳥の卵が先に孵ることがあれば、母鳥が餌を探しに出ている隙にそのヒナを巣から落とす。

ここで母鳥の立場に立ってみよう。４羽のヒナのために虫を捕まえて巣に戻った母鳥は、父鳥がいなくてただでさえイライラしているところに、ヒナが３羽しかいないと気づく。おかしい。絶対に４羽いたはずだ。それにしても、なぜ１羽だけ鳴き声が妙にハスキーなのか？

まるで鳥バージョンの「ゲーム・オブ・スローンズ」のように、ヒナが1羽また1羽と死んでいく。そして、母鳥よりはるかに身体の大きいヒナに餌を与え続けることにもいよいよ限界がくる。母鳥が虫（鳥）の息になると、カッコウはその巨大な姿を現し、カイロ・レンが父ハン・ソロを殺したときのように「どうも」と言う。映画の公開から3年たっているのだから、ネタバレと恨むのはご容赦いただきたい。

それにしても、母鳥はそんな結末を迎えずにすむこともできるのではないか。なかには、ほかの鳥の卵が混じっていると気づく鳥もいる。そういう場合は、カッコウの卵を巣から落とすか、巣の上につくった新たな巣にカッコウの卵を移動させ、温めずにそのまま放置する。寄生するサイクルを壊し、身勝手なカッコウにすべてを台無しにされることなく幸せな家族を築き上げるのだ。

カッコウのこの恐ろしい生態を知ったとたん、私は目に入るかけ時計にパンチをお見舞いするようになった。トーマス・キンケードのファンがいまだに持っている、木製のカッコウ時計（いわゆる鳩時計）のそばに立ち、正午になるのを待つ。正午と同時にカッコウが飛びだしてきたら、狙いを定めてパンチするのだ。時計自体は壊さずカッコウだけ仕留めるのがポイントだ。いまではすっかり得意になったが、これもやはり専門性の一種なので、完璧なテクニックが身につくまで約1万時間かかった。おかげでもう、中部テネシーのアンティークショップには出入りできない。

自分の家が危険な寄生生物に侵略されて、気づかないということがあるのだろうか？ その偽りをなぜ見過ごしてしまうのか？ それは、私たちが日々生きていくうえで用いている暗黙のルールに従ってしまうからだ。そのルールとはもちろん、素晴らしき完璧主義である。

完璧主義はどんなときも、実現不可能なことを目指させようと必死だ。絶対に勝てないとわかっているゲームに参加する人はいない。だから、暗黙のルールに従うだけでいいとささやきかけてくる。ルールに従ってさえいれば、完璧は可能だと言い聞かせる。そうして何年もかけて、私たちが目標を追い求めるたびに、私たちの人生に暗黙のルールを密かに刷り込むのだ。

ロブ・オニールは、「車輪を使うのはズルい」というルールを刷り込まれた。

ロブは、巨大メディア企業バイアコムのバイスプレジデントという重職に就いたのを機に、出張に必要となる新しいカバンを購入した。

重役にふさわしい高価な革のカバンだ。高級品は得てして、デザインは優れていても機能性は低い。彼の買ったカバンもご多分に漏れず、革は重く、肩にかけて持ち運ぶたびにストラップが刺さるように食い込んだ。ロサンゼルスとニューヨークを往復するたびに痛さで顔をしかめたが、そういうものだと自分に言い聞かせた。

ある晩、アトランタで乗り継ぎ便を待っていると、彼と同じく出張でやってきたと思われる女性を見かけた。だが彼女はちっともつらそうではなかった。それどころか、スーツをビシッと着こなし、目的地に向かって颯爽と歩いている。手にはスーツケースのハンドルを持ち、軽々と引いていた。アトランタ空港にいるというのに、その女性は友好的にすら見えた。アトランタ空港は、ほとんどの職員が乗客を嫌っていることで有名だ。その女性を見たとたん、ロブは思った。「なぜ車輪はズルいと思い込んだのだろう?」と。このルールを口にしたことは一度もない。**にも**

かかわらず、頭のどこかで車輪を使うのはズルだと決めつけていた。移動は困難なもののはずだ。痛みを伴って然るべきであり、もどかしい思いをするべきだ。

その出来事があった同じ週に、ロブは車輪付きのスーツケースを注文し、以後ずっと車輪付きのカバンを使っている。

ロブはどこかの時点で、「車輪を使うのはズルい」という考えをルールとしてしまった。いや、車輪だけではない。もっと広範囲に、**「価値のあることは、困難を伴わなければならない」というルールをいつの間にか設けていた。**優秀と目される人には、この種の暗黙のルールを設けている人が多い。トレーニングが楽しめるものので、実際に楽しいと感じたら、それはトレーニングに数えてはいけない、と彼らは考える。

そうすると、楽しさや喜びといった感情は、努力や成長が足りないことのバロメーターとなる。

これがさらに進むと、「自分が惨めにならないと、生産的なことをしているとは言えない」というルールになってしまう。

こんなルールは、自分のヒナとは似ても似つかない巨大な鳥の存在に気づかない小鳥と同じくらいどうかしている。

あなたにも、やり遂げることを困難にさせる暗黙のルールがあるのではないか。

私にはある。

たとえば、「簡単にものにならないことはやる価値がない」。別の言い方をすれば、「新たに何かを学ぶ必要があることは、必ず失敗する」というルールだ。

私には、すぐにものになったことがいくつかある。2008年に始めたブログもそのひとつで、あっという間に注目を集めた。始めて9日で、4000人のアクセスがあったのだ。本当に嬉しかったが、この経験から、「10日めまでに広まらなかったら失敗とみなす」というルールが生まれた。そのせいか、私は前向きな結果が次々に生まれないと、すぐに諦めてしまうところがある。

長年にわたり、私の巣は暗黙のルールを鳴き立てるカッコウのヒナでいっぱいだった。頭のなかでは他人の意見のような顔をしているが、それらに耳を傾け、育てていくと、しだいに真実が腹を空かせていく。

そうして10年近くにわたってそのルールを信じた結果、新しいことを学ぶのがとんでもなく苦手になってしまった。誰かに尋ねないとわからないことがあると、自分を恥ずかしいと感じる。わからないことをわからないと認めざるをえないときは、とてもきまりの悪い思いをする。私がよく知ったかぶりをするのは、「学ぶこと＝失敗」と信じてきたからだ。本物の勝者には、学ぶなんて必要ない。必要なことはすでに知っている。

私には、「成功は悪である」という暗黙のルールもある。

私の父は牧師で、お金と縁のない家庭で育った。父は私に、「素敵な高級車をくれると言われても受け取らない。しょせん、溶かした金属とプラスチックだ」と繰り返し言い聞かせた。お金と縁のない生活といっても貧乏な思いは一切しなかったが、成功は罪深いことだという感覚は間違いなく持っていた。

父はたぶん、富や成功を非難する発言をしたこと自体覚えていないと思うが、そういうちょっとした言葉は、驚くほどすんなりとカッコウに変貌する。これをセラピストたちは**「リミティング・ビリーフ（自分を制限する信念）」**と呼ぶ。成功は悪だと信じるようになってから30年後、私はこのリミティング・ビリーフを長女に引き継いでしまったことを知った。

ミュージシャンのマイク・ポズナーと言えば、「クーラー・ザン・ミー」の大ヒットで知られる。(注19) この曲は彼が大学生のときに書いたもので、それによって思いがけず一躍有名になった。だが、成功を続けるのはそう簡単ではなく、6年後、彼は一発屋とみなされることを曲にして発表した。

その「アイ・トゥック・ア・ピル・イン・イビザ」で、彼はこんなことを歌っている。

俺は弾を撃ち尽くしたしがない歌い手
引退したやつらが寄ってくる
俺の名前は忘れられたヒット曲の代名詞だから

このノリがよく口ずさみたくなる曲の歌詞をよく読むと、音楽業界で起こりうることが包み隠さず描かれている。

私はこの話を長女にしたが、そんな会話があったことすら忘れていた。そしてあるとき娘と車に乗っていたときに、思いだすことになった。

その曲が車内に流れると、娘は一緒に乗っていた友だちにこう言った。「これはね、ヒット曲と名声を手にしてダメになった男の人の歌なんだよ」。成功ではなく「名声」だったとはいえ、私はカッコウの兆しを感じとった。成功は人をダメにする。成功は危険だ。成功は避けなければならない……。

そうしたことを娘に言ったことは一度もない。だがそれは、私の父も同じだ。カッコウは、いともたやすく想像以上に大きく成長する。

私は「成功は悪である」というウソのせいで、この8年つらい思いをした。それは私に限った話ではなく、成功を恐れる気持ちのせいで苦労している人は大勢いる。成功すればするほど、罪悪感が増していくのだ。

ある食事会で、友人のひとりが言った。「健康商品を扱うあの会社のCEOは、年収2000万ドルだ。それで夜眠れるのかね？」

私は「きっとハンガリー製の羽毛布団にくるまれて、すやすや眠っているよ」と返したかった。この友人も成功を悪とみなし、収入が一定額を超えたらろくに眠れなくなると思っていたのだ。いったいどういうことなのか？ 500万ドル稼いだら、夜は眠れても日曜日の昼寝には罪悪感を覚えてできないとでも言うのか？

このカッコウに従うと、どちらに転んでも一緒だ。失敗すれば、失敗したということで自分が傷つく。成功すれば、成功したことを恥だと思い、やはり自分が傷つく。いいことは何ひとつない。

どちらに転んでも不幸しか待ち受けていない。それがカッコウに従う末路だ。ロブは機能性の低いカバンを使って背中や肩が痛くなったが、車輪付きのカバンを使うことは負けだと感じてできなかった。カッコウに、中間は存在しない。

どんなに対策や対処法を覚えたところで、あなたの巣がカッコウでいっぱいならば、どれも役に立たない。

カッコウという名の暗黙のルールに対抗するには、次の3つが必要になる。

1. 暗黙のルールを特定する
2. 特定したルールを捨てる
3. 代わりのルールを設定する

それでは具体的なやり方を見ていこう。

暗黙のルールをあぶり出す4つの質問

暗黙のルールには、暗黙であるという問題がある。誤った考えを長年にわたって抱いていると、見えなくなるほど奥深くに埋もれてしまう。本人には、そんなルールに従っているという自覚すらない。

あなたにも、ひどい男と9年つきあいながら、「自分にはこれ以上望めない」という暗黙のルールを信じている女友だちがいるのではないか？ いまの仕事を嫌っていながら、「自分を雇ってくれるところはほかにない」という暗黙のルールを信じている身内がいるのではないか？

個人固有の考え方、リミティング・ビリーフ、暗黙のルールなど、呼び方をどう変えようが結果は同じだ。それに、ゴールが目前に迫るたびに暗黙のルールが足を引っ張るなら、最後までやり切る術を１００学んでも意味がない。

まずは暗黙のルールをあぶり出すために、次の４つの質問を自分自身に問いかけてもらいたい。

1. 自分はそもそも○○が好きか？

完璧主義のお気に入りのひとつが、「自分が惨めになるほど困難な目標にしか達成する価値はない」というルールだ。これは、痩せるためにジョギングをしているが本当はズンバをやりたい人全員の暗黙のルールとなっている。このルールに従うと、ズンバは運動ではなくなる。また、キャリアを選択するときにも、頭のなかでこのルールがこだま

することがある。天気予報士はラクな仕事ではない。天気や解釈するデータは変わりやすいうえ、なれる人の数も限られている。どんな都市でも、メディアで活躍する天気予報士の数は、多くても10人前後だ。テレビ局に気に入ら

れれば、何十年にもわたってその人ひとりが天気を担当することが多く、そうなればほかの人が参入するチャンスは実質皆無に等しい。

チャーリー・ニースは、ナッシュビルで天気予報士の仕事に就けたことを幸運に思っていて、年月がたつにつれて知名度が上がっていった。天気の情報を視聴者に届けることにやりがいを感じていたが、あるとき、天気に関係ない責任はあまり担いたくないと思っている自分に気づいた。週末は仕事なので、息子のアメリカンフットボールの試合をなかなか観に行けない。夜勤になれば、妻と話もできない。だが、やりがいのある仕事をやめる人はいない。それもナッシュビルのように人気の高い都市での天気予報士の仕事となればなおさらだ。とはいえ、「そもそも天気予報士という仕事は好きか」と自問するたびに、「ノー」と答えることが増えていった。

そして、同僚やファンに大きなショックを与えることになったが、彼は結局テレビ局を去り、不動産会社を始めた。その決断に、チャーリーの家族も彼自身も満足している。おまけに彼は、不動産業者としても優れている。なぜ私にそんなことが言えるかというと、彼はほんの数日のうちに我が家の買い手を見つけたからだ。**自分**

がやっていることはもう好きではないと気づいたら、その気持ちに正直に行動してほしい。完璧主義の引き止めを許してはならない。

2.本来の目的は何か?

ロブがカバンを買った本来の目的は、快適に移動できるようになることだ。成功した50歳のエグゼクティブとして、持っているカバンで見知らぬ人から「すごい」と思われたいという気持ちはなかった。だが、何度も言っているように、完璧主義は本来の目的の妨害が大好きで、まやかしの暗黙のルールで混乱させようとする。この本のためにいろいろ調べているとき、さまざまな暗黙のルールを目の当たりにした。とりわけダイエットに関係する目標を持つ人のルールが目についた。ある女性は私にこう言った。「ずっと理想にしている体重があって、それを追いかけるあまりおかしくなりました」。彼女には、「その数字まで体重が落ちなければ成功とみなさない」という暗黙のルールがあった。そのルールに長く悩まされたが、とうとう彼女はその達成を断念し、本来の目的に目を向けた。そして、本当に求めていたのは体重をその数字まで落とすことではないと気づいた。「私が求めていたのは健康です。糖尿病や心臓病をはじめ、私の母が薬を飲まざるをえなくなった病気になりたくない、と思ったのが始まりです。そう気づいたおかげで、自分の現在の健康状態を直視することができ、過度なダイエットで被った身体のダメージを回復する方法を調べるようになりました」。本来の目的にたどり着いたことで、彼女は本気で結果を求めるようになった。そうして悪習を捨てて健康的な習慣を身につけると、体重がみるみる落ち始めた。

目標の達成にあまり気乗りしないときは、「本来の目的は何か?」と自分に尋ねるといい。何を手にしたくて追いかけているかをはっきりさせるのだ。**目標に近づいても、この質問に絶えず戻る。**どれだけ誠意をもって取り組んでいても、道をはずれるのはあっという間だ。

それはクリスティ・ダギンスの例を見れば明らかだ。彼女は、目的がビジネスに形を変えたときに自分がどう感じたかを語ってくれた。「私はものをつくるのが大好きで、Ｅｔｓｙ[*5]に出店しました。出店は大成功でした。でも、ものをつくるのが

＊5 Etsy…ハンドクラフト商品を販売するウェブサイト。

嫌になり、店を閉めました。いまはまた、ものづくりが楽しくて仕方ありません」。

クリスティの暗黙のルールは、「つくったものは売れないといけない」だった。ものをつくるだけでは十分ではないと思い込んだのだ。これは実に変わったケースだ。彼女は、目標の達成に失敗していない。本来の目的を邪魔したのは、失敗ではなく成功だったのだ。彼女の店は、それなりどころか「大繁盛」した。そのせいで、彼女はものづくりが嫌になってしまった。目的の邪魔をするものが、落とし穴ばかりとは限らない。落とし穴とは反対の、プラスを生むことが邪魔になる可能性もある。

いずれにせよ、本来の目的を見失ってはいけない。**面白いことに、本来の目的を自覚すると、達成するにはさまざまなやり方があると意識するようになる。**本来の目的は「自分の作品を世に出すこと」なのに、暗黙のルールに縛られて、体験記を書かないといけないと思い込んではいけない。達成する方法はいくらでもある。

3. この方法は自分に合っているか？

「生まれつき得意なことはカウントされない」も、多くの人に共通する暗黙のルールのひとつだ。簡単にできることや苦労せずにすむことに価値があるはずがない、と思い込んでいる人は多い。完璧主義は、なぜこのルールを推すのか？　生まれつき得意なことはズルだと感じさせることで、挫折しておかしくない困難な目標を追求するように仕向けるのだ。要は、魚に「泳がずに1海里移動しろ」と命じるようなものだ。この本の冒頭で、私はP90Xを6日ぶんしかやらなかったことを告白した。その後紹介しているさまざまな方法を活用してもう一度取り組めば、残りの84日ぶんを終わらせられると思うかもしれない。だが話はそう単純ではない。本書で紹介する法則を活用すれば、最後までやり切る力は高まるが、P90Xを終わらせることは絶対にない。ただし、それは私が怠け者だからではなく、誰かと一緒に何かをすることでモチベーションが生まれるタイプだからだ。私はグループで行うエクササイズが好きだ。グループの一員として一種の責務を担いたい。グループエクササイズのために早起きし、同じ早起きする者としての仲間意識を感じたい。つらくてやめたくなったときに大声でやる気を鼓舞するインストラクターに、エクササイズプランを立ててもらいたい。友人と一緒にトレーニングしながら楽しく競い合いたい。P90Xを最後までやり切らなかったことで、私は運動は続けられないと思ったが、やり方を間違えていただけだったと気づいた。その後、友人と一緒に1時間のサーキットトレーニングを行うクラスに入会すると、私の身体はみるみる引き締まった。そのクラスには近所に住む友人と一緒に通っている。責務もしっかりある。クラスでトレーニングするときは心電図モニターを装着するので、クラス全員に自分の数値が知られるようになっている。競争もある。インストラクターがエクササイズごとに動きを指導しながら、さらなる高みへ押し上げてくれる。モチベーションもばっちりだ。クラスに出ているとき、私のモチベーションボタンはすべてオンになる。そのおかげで、過去12カ月間、私は一度も休まなかった。P90Xは、プログラムとして本当によくできている。ただ、私がリビングでひとり、誰からもコメントをもらうこともなくトレーニングをするようにできていないのだ。一方、友人のジェイソンは、3周めのP90Xに取り組んでいる。ジェイソンにはひとりで行うエクササイズが合っているのだ。**目標に向けた取り組みをあまり楽しいと感じていないなら、自分の強みに適した方法かどうか確かめてみよう。目標は正しくてもやり**

方が間違っていれば、やはり間違った結果しか生まれない。

4. やめるタイミングではないか？

「勝者は絶対に諦めない！」は、ポスターの標語にはいいかもしれないが、現実にはウソであり、危険な暗黙のルールだ。ものごとには、やってみるまでわからないことがある。1、2カ月続けてみないと、好きかどうかわからないこともある。たとえば、小説をしばらく書き続けてみないと、それに喜びを感じるかどうか確信が持てないかもしれない。事業計画をまとめてみないことには、スパイスを販売する店を開くのに必要なことが見えてこないかもしれない。行動に移すと、心から楽しめるかどうかを判断するという難題が待ち受ける。だがどんな目標も、道半ばには困難やつらい感情がつきまとう。つらいと感じるのは、目標の設定が間違っているせいなのか、それとも単に、道半ばでそう感じるのが当たり前だからなのか。これらを見分けるにはどうすればいいのか？

ローラ・マーフィー＝リックは、ロースクールに通っていたときにこの疑問に直面した。彼女の夢は法律家になることで、そこには立派な理由があった。法律家になって、ガンに関する法律、支援金、調査のあり方を変えるためのロビー活動を行うというものだ。彼女の祖母、おば、3人のいとこは、50歳になる前に亡くなった。「法律家にならないと、家族を失望させることになるという気持ちもありました」と彼女は振り返る。そうしてロースクールに入学して3学期がすぎた。だが、「毎朝起きるのが嫌でたまらなかった、というのが本音です。自分には夢を実現するためだと必死に言い聞かせ、周りには当たり散らしました」と彼女は言う。キャリアの選択は大きなプレッシャーだった。結局、ローラは法律家の道に進まなかった。10年たったいま、彼女はその決断にとても満足している。

「勝者は絶対に諦めない」もまた、完璧主義のお気に入りのルールだ。現実はもちろん、**勝者だって諦めることはある。**バカげたことだと思えば、当然のこととして諦める。バカげていると感じたら、信頼できる誰かに相談するのが賢明だ。暗黙のルールにとらわれすぎて、やめるのが最善の選択だと気づけないことはよくある。たとえ自分で決めた目標でも、心底嫌なことであれば、最後までやり切っても勝ったことにはならない。

いま紹介した4つの質問に、正直に答えてみてほしい。このエクササイズは決して簡単ではない。暗黙のルールに長く従いすぎていると、自分の一部になっている可能性があるからだ。父親から「大学で芸術を専攻しても就職の役に立たない」と言われた言葉をいまだに信じているのではないか。鏡を見るたびに、かつての恋人が何気なく口にした容姿に関する言葉が暗黙のルールとしてこだまするのではないか。多くの人がとらわれがちな暗黙のルールがもうひとつある。「自分ひとりでやらなければ、やったうちに入らない」というものだ。これを真に受けている人も多いのではないか。

誰かの学位を借りる

先にも述べたように、完璧主義はあなたを孤立させることに力を注ぐ。真実を告げる人やルールについて指摘する人が周りにいないほうが、ウソで丸め込んだり暗黙のルールに従わせたりしやすいからだ。

群れからはぐれさせるための常套手段が、「すべてひとりでやらないといけない」という暗黙のルールだ。

このルールを見ると、私は決まってよちよち歩きの子供を思い浮かべる。よちよち歩きができるくらいになった子供は、親の手を借りるより階段から転げ落ちるほうを選ぶ。「もうひとりでできるもん！」と言いたいのだ。

これは子供に限った話ではなく、大人になってからも、助けを借りようとせず、手伝ってもらうことは弱さの表れだと思い込んでいると、よちよち歩きになる。

だが、作家のジェシカ・ターナーは違う。彼女がとあるセールスチームを対象にウェビナー（オンラインセミナー）を開催することになったとき、私のところに連絡がきた。以前私がそのチームにウェビナーを行ったと知り、話を聞きたいという。私はそのウェビナーで多くを学び、いくつか失敗をした。たとえば、ウェビナーに人が集まってほしいなら、開始の3時間前と5分前の2回にわたってメールで知らせる必要がある。これは周知の事実なのだろうか？　私はそのことを、**ルイス・ハ**

ウズ[*6]から学び、実際にメールを送るようにすると、次のウェビナーから参加者が急増した。私はこのこともジェシカに教えた。自分が知らない情報でも、知っている人は必ずいる。知っている人に適切に尋ねれば、その情報を手にすることができる。

私はこの行為のことを「誰かの学位を借りる」と呼んでいる。とりわけ目新しいテクニックというわけではない。俳優のウィル・スミスは何十年も前にこのテクニックを使って成功した。そのきっかけを与えてくれたのは、なんとアメリカ国税庁らしい。

ウィル・スミスがラッパーとしてアメリカ国内をツアーで回っていたとき、国税庁から280万ドルを求められた。その知らせが電話だったのか、手紙だったのか、はたまた芸能人が巨大な小切手を持って当選者の自宅を突撃訪問するような形だったのかはわからないが、19歳の彼が恐ろしい思いをしたのは間違いない。

国税庁が寄付を求めたはずもなく、スミスは納税を要求された。彼の家庭は決して裕福ではなかった。離婚した両親は中流階級の出身で、父親は冷蔵庫会社の経営

＊6 ルイス・ハウズ…元プロフットボール選手で人気ポッドキャスト番組を配信する。

のために一日も休まず働き、母親は教育委員会の職員として働いていた。国税庁から連絡がくれば、たいていの人は身がすくんで何もできなくなるが、スミスは季節も変わらないうちから新たな目標に向かうための情報を集め始めた。

2年後、スミスは俳優としての初仕事のため、フィラデルフィア西部からロサンゼルスへ向かうことになった。その準備をしていると、マネジャーのジェームズ・ラシターが彼に近づいてきて言った。「いいか、ロサンゼルスへ行くなら、目標があったほうがいい」。ラッパーから俳優への転身は、偶然では起きない。するとスミスは、「世界一の映画スターになりたい」と答えた。

この言葉自体は特別なものではない。アメリカ中西部からハリウッド行きのバスに乗る何千という若者が、毎週のように口にしている。スミスに、スターになれる確証はほとんどなかった。その時点ではまだ映画に出演したことすらなく、最大のヒット曲が子供っぽさの残る「親にはわからない」という21歳のラッパーでしかない。スミスとほかの映画スターを目指す若者とのあいだに、目標の違いはなかった。違いはその次に起きたことにある。

マネジャーのラシターは、もっとも興行収入が多かった映画について調べ、トップ10をリストにまとめた。調査は簡単だった。世界一の映画スターは、どんな時代にも必ずいる。「人気作がわかったら、次はパターンに目を向けた」とスミスは言う。「すると、10作中10作に特殊効果が使われていることがわかった。10作中9作は特殊効果に加えて未知の生物が登場した。そして10作中8作は、特殊効果と恐ろしい生物に加えて、ラブストーリーの要素があった」

そんな単純なことでヒット作が生まれるはずがない、と思うだろう。

興行収入のトップ10ランキングという誰でも手に入る情報をもとに、映画産業という世界一気まぐれな業界で俳優として25年のキャリアプランを立てるなど、正気の沙汰とは思えない。そんな大雑把な方法ではなく、もっと難しいことが必要だ。

いや、そう思っても不思議はないが、ウィル・スミスが過去に出演し興行収入の多かった上位6作品を見れば、そんなことはないとわかる。

1.『インデペンデンス・デイ』：特殊効果、未知の生物、ラブストーリーあり。世界全体における興行収入は8億1700万ドル。

2.『スーサイド・スクワッド』:特殊効果、未知の生物、ラブストーリーあり。世界全体における興行収入は7億4600万ドル。

3.『ハンコック』:特殊効果あり。世界全体における興行収入は6億2400万ドル。

4.『メン・イン・ブラック3』特殊効果、未知の生物、ラブストーリーあり。世界全体における興行収入は6億2400万ドル。

5.『メン・イン・ブラック』:特殊効果、未知の生物、ラブストーリーあり。世界全体における興行収入は5億8900万ドル。

6.『アイ・アム・レジェンド』:特殊効果、未知の生物あり(イヌを含めるならラブストーリーもあり)。世界全体における興行収入は5億8500万ドル。(注20)

ウィル・スミスはなぜ、誰かの学位を借りることの力を信じているのか? 40億ドルの興行収入をあげているからだ。

見つけたパターンに従えば成功するという保証はあるか？　ない。『ワイルド・ワイルド・ウエスト』は、未知の生物が登場しラブストーリーもある特殊効果を用いた映画だが、大失敗に終わっている。とはいえ、目標を達成する場合、勝ち続けることがすべてとはならない。**負けることより勝つことのほうが多ければそれでいい。**完璧を目指す必要はない。昨日より多く勝つということを、毎日繰り返すのだ。24作品の映画に出演し、そのうちの6作品で40億ドル近くの興行収入を叩きだせば、何作かがコケても映画俳優としてのキャリアは安泰だ。

「ひとりでやらないと意味がない」という暗黙のルールは、絶対に受け入れないでほしい。それは、完璧主義があなたを孤立させようとする作戦だ。

素晴らしい「学位」を持つ誰かを見つけ、気兼ねなく借りよう。

「知っている」だけではまだ半分

暗黙のルールを知ることは大事だが、それで終わりとはいかない。

暗黙のルールを特定したらどうすればいいのか？　次にとるべき最善の行動は何

か？

破壊だ。

そのためにはまず、ルールを見つけるたびに、**「このルールは何を意味するのか？」**と問いかける。

たとえば、「成功は悪」という暗黙のルールが見つかって書きだしたら、その下に「これは何を意味するのか？」という質問を書き足す。

そしてその質問に答えるのだ。

私ならこのように答える。「成功が悪なら、失敗は善ということになるはずだ。失敗は最高で、勝利は最低。いいことをしたいなら、失敗するしかない。お金で損をしたり、チーズをたくさん食べて太ったり、衝突事故を起こしたりすれば、今年はかなりいい年になる」

バカげた文章になってしまったが、こういう文章を生みだすための質問だ。意味するところを書きだせば、暗黙のルールがいかにバカげているかがよくわかる。

完璧主義はしつこいが、それもルールの意味を問うまでの話だ。いい質問は、壊す必要のあるルールというダムを決壊させる。人生のルールとなりえないことを明らかにし、こきおろしてくれる。いい質問をすることは、『オズの魔法使い』で主人公のドロシーがカーテンの後ろを覗くようなものだ。煙と雷鳴と作り物の装置があれば、すべてを操る偉大な存在が本当にいるように思える。だが、いくつか質問をすれば、実際は偉大な存在のフリをした貧相で臆病な老人しかいないという現実が明らかになるかもしれない。

意味を答えたら、今度は**「誰が言ったのか？」**と尋ねる。きっと、この答えに該当する人の数に驚くことになるだろう。多くの場合、答えは「誰も言っていない」になるからだ。

この問いにはもっと根深い問題も潜んでいる。成功者はよく、「父親に自分の力を証明したくて必死に働いた」といったことを口にする。だがその多くは、その人の父親は何年も前に他界していて、幽霊に向けて証明しようとしている。立ち止まって「誰がそうしろと言ったのか？」と自分に問いかければ、成功したかどうかを絶対に知ることのできない人のために、自分に無理を強いていると気づくだろう。

私の友人に、自立がいちばん大事だと母親から言われ続けてきたせいで、結婚生活でつらい思いをしている女性がいた。母親は離婚してすべてを失った。そのときに生まれた「自分が傷つくことになるほど他人を頼ってはいけない」という暗黙のルールを娘に引き継いだのだ。友人は夫のことを愛しているが、愛情をかけすぎないようにとどこかでブレーキがかかってしまうと悩んでいた。だが、自分自身に「誰がそうしろと言ったのか?」と尋ねたことで、母親の不安に自分の人生を支配されていたのだと気がついた。

さて、暗黙のルールを見つけて破壊したら、最後に代わりとなる新たなルールを設定してほしい。

私は、「成功は悪」というルールを「成功はいいこと」に置き換えた。

なかには、「スタイルがよくなっても謙虚でいることはできる」というルールに置き換えた人もいる。おかしなルールだと思ったかもしれないが、イングリッド・

グリフィンは置き換えるまでつらい思いをしていた。彼女曰く、「ダイエットが続かなかったのは、痩せている女性はふしだらで、少しぽっちゃりしている女性のほうが謙虚だと思い込んでいたせい」だという。

いまはもう、その思い込みがまったくの的はずれだということはよくわかっている。ビッグマックを前にして、「私はとっても謙虚。思いやりを持つ何よりの秘訣はこのソース。サワークリームやマヨネーズたっぷりのランチドレッシングをサラダにかけていれば、高慢にならずにすむのよ」と自分に言い聞かせている人がいるなど、想像できるだろうか。

あなたも、自分の暗黙のルールを見つけて書きだしてみてほしい。そしてその意味を答える。それができたら、真実にもとづく健全で妥当なルールに置き換えよう。

心のなかのカッコウを始末する

私の場合、目標について読んだ本の数のほうが、実際に達成した目標の数より多い。これはたぶん、何かの兆候だ。ただし、いい兆候ではない。

目標に関する本は、頭での対処にしか触れていないものがほとんどだ。機械的にやるべきことを伝えるだけで、読者のことを、効率と現実性を携えて目標に向かって進む感情のないロボットのように扱う。心のなかに宿っていて、脳で意識することは皆無に近い暗黙のルールについて触れることはない。「痩せるとふしだらになる」といった思い込みが生まれるという事実を、まったく考慮しないのだ。

客観的に見れば、とても正気の沙汰とは思えないルールだ。だが、人の心にはそういうものを歓迎してしまう側面がある。過去に何かあると、自分に害をなす判断でも受け入れてしまうのだ。

ロブ・オニールは、バイアコムで数千万ドルを動かしているにもかかわらず、快適なスーツケースを所有してはならないと思い込んでいた。

これもまた正気の沙汰とは思えないルールだが、完璧主義の罠にはまって自ら人生を困難なものにしていると、そのルールを喜んで受け入れてしまう。

私は、子供たちから物語を書いてほしいと頼まれても書かなかった。物語を書くなら絵もあわせて描かないといけないと思い込んでいたためだ。

これもやはり、正気の沙汰とは思えないルールだ。ご存じないかもしれないが、私はイラストレーターではないので、結局物語を書き終えることはなかった。完璧主義の罠に心がとらわれてルールを受け入れてしまい、愛する子供たちを喜ばせる行動がとれなくなったのだ。

完璧主義によって心に刻み込まれた暗黙のルールを、頭で認識することはほとんどない。自分で心のなかを優しく探らなければ、目標を達成できないのは暗黙のルールが原因であっても、自分の怠惰ややり方のマズさのせいに思えてしまう。

英語の「カッコウ（cuckoo）」には、「正気の沙汰でない」という意味もある。きっと偶然ではないだろう。

あなたの心に巣食うカッコウは、今日で始末しよう。やつらはあなたの心を蝕んでいる。やつらが叫ぶルールに耳を傾けなければ、目標の達成はずっと簡単になる。それに、カッコウがいなくなることで、次章で集めるもののためのスペースが生まれる。

Action

1 暗黙のルールに耳を傾けて書きだす
(脳内でグーグル検索をかけることになるが、ルールは巧妙に隠されているかもしれないので、この作業にはそれなりの時間がかかる)。

2 書きだした暗黙のルールの横に、それぞれ真実を書き足していく。真実を知るために、「この意味するところは何か」「誰がそうしろと言ったのか」と自問する。

3 代わりとなるルールを新たに設定する。

4 友人に協力を求めて、暗黙のルールに従って行動しているように見えたら指摘してもらう。

第7章

データを使って、これまでの進歩を祝おう

✓データはウソをつかない

イースターがあけた1週間後、私は教会で働く友人にイースターはどうだったかと尋ねた。イースターは、いわば教会にとってのスーパーボウルだ。すると思いがけない答えが返ってきた。

「よかったよ。音楽も素晴らしかったし、大勢の人が教会を訪れてくれた。でも、ちょっと動物はいなくなってしまったけれど」

「動物がいなくなった？『奇跡の旅』でマイケル・J・フォックスが声優をやったイヌみたいに旅に出たっていうのか？」と私は尋ね返した。

「そうじゃない。死んでしまったんだ」

彼の教会は、イースターの催しとして、聖書に登場するような動物と触れ合う場を設けることにした。だが残念ながら、教会ボランティアの人たちは、空席を見つけて案内するのは得意でも、その場しのぎのミニ動物園の運営はろくにできない。最初に死んだのはウサギだ。3歳の子が干し草にスープレックスを決め、ウサギの上に着地したらしい。ウサギの骨はとてもか細い。それに、レスリングも得意ではない。優れた運動能力をひとつ持っているだけで、ほかの運動は苦手だ。

次にキリストの元へ旅立ったのはアヒルだ。小さな子がアヒルの首元をきつく抱きしめすぎたという。その瞬間、あなたならどうする？　絶命したアヒルを、その日のために手づくりした工作品みたいに家族に手渡すだろうか？　キラキラした包装紙にくるんで、「はい、あげる」と言って？

友人に、その2羽が命を落としたことは失態だったとわざわざ告げるまでもない。それが教会の失態だったことは、彼自身はっきりと理解していた。おかしなことに、失態は見落としようがない。アヒルから一度も目を離した覚えはなくても、失敗した瞬間にそうとわかる。

一方、進歩は静かだ。訪れているのかどうかもよくわからない。完璧主義は、失敗は大声で叫び、進歩は隠そうとする。

だからこそ、ちょっとしたデータが大きな違いを生む。データがあれば、何の意味もないと主張する完璧主義のウソを見抜き、進歩を祝えるようになる。

データがなければ、成長は実質消えてしまう。私はこの問題を「ろうそく効果」と呼んでいる。

窓のない真っ暗な部屋のなかでろうそくに火を灯せば、その効果は絶大だ。完全な闇から光のある状態になれば、十分な進歩だと言える。違いは明白で、すぐに変化を実感できる。2本めのろうそくに火を灯しても、効果は十分にある。ただし、1本めのときほどの効果は望めない。3本めにもまだ効果はあるが、2本めよりさらに効果は下がる。こうして効果の減少は続き、しまいには、新たにろうそくに火を灯してもほとんど気づかなくなる。15本めのろうそくの火を灯しても、明るさの違いはほぼ感じられないだろう。

目標に向かって努力していれば、得られるものは増えてほしい。減るなどもってのほかだ。ポイントを通過するたびに、進歩を実感してやる気が高まっていくのが理想だが、現実はそううまくいかない。

ランニングを例にあげよう。ろうそく効果は走る速度に表れる。鍛錬を積み、時速3キロから時速4キロに走るスピードが上がれば、1キロあたりのタイムが20分から15分に縮まる。これはかなりの進歩であり、時速1キロぶん走るスピードを上げることで手にできる。しかし、時速9キロから時速10キロにスピードが上がっても、同じ1キロぶんスピードが上がったとはいえタイムを5分縮めることにはならない。縮まるのは40秒で、タイムの向上率が80パーセント以上下がる。

食生活の改善でも同じだ。仮に週に6日は健康的な食生活を心がけ、1日は好きなものを食べるとしよう。そうすると、健康的な食事を週に18回摂る計算になる。健康的な食事を1回摂れば、18分の1達成する。2回めで9分の1、3回めで6分の1達成だ。素晴らしい進歩ではないか！ しかし、回数が進むにつれて、進歩の大きさは小さくなっていく。13回めや14回めになると、達成率はほとんど変わらず、最初のときのような大幅な成長は見られなくなる。

完璧主義は、達成度合いがこのように小さくなっていく現象を、うまくいっていない証拠に利用する。思いだしてほしい。目標に向かっていると、完璧主義は「十分な結果が出せていないからやめてしまえ」と吹き込んでくる。遅々として進歩しない様を指摘されることほど、やる気が失われることはない。

だからこそ、私はデータの取得を推奨する。目標に向かっている途中で完璧主義の声が大きくなったときに、事実が書かれた紙が必要になるのだ。

完璧主義はデータが大嫌いだ。なぜか？　**感情はウソをつくが、データはウソをつかないからだ。**

感情は、場合によってはまったく間違った印象を与えかねない。

考えてみてほしい。心配ごとが生まれるたびに、それが現実になっただろうか？　不安に思ったことや恐れていたことが、すべてあなたの身に降りかかっただろうか？　数年前に口にしたバカなひと言についてひと晩じゅう考えて、何かいいことがあっただろうか？「しまった」と気に病む失敗をするたびに、人生が大きく変わっただろうか？

もちろんそんなことはない。夜中に心がざわついて、上司の「明日話がある」との言葉を何度も反芻《はんすう》し、その意図を知ろうとしたところで、ろくなことはない。

そういうときは、感情が高ぶって、根も葉もないことを思い描く。

だがデータは違う。

データはどんな雑音も遮断する。

どんな混乱にもびくともしない。

妨害工作、ウソ、無力感をはじめ、あなたの行く手を阻んでいるすべてをはねのける。

データがあれば、明日のために賢明な判断を下すうえで必要なものがすべて揃う。**データとはそういうものだ。昨日までの自分からの贈り物であり、それを今日受け取って、よりよい明日のために活用するのだ。**

ただし、データを最大限に活用するには、データの効用、人々がデータを嫌う理由、データの活用の仕方を知っておく必要がある。

データは失ったやる気を取り戻させてくれる

ジェイソン・バートレットは体重を20キロ落としたいと思っている。薬剤師という座りっぱなしの仕事のせいか、余計なお肉があっという間についてしまったのだ。

自分が望む以上の体重になっている自覚はあったが、感謝祭でとどめを刺された。厳密には感謝祭ではなく、その日に会った妻の祖母だ。ジェイソンが老人ホームに入居している妻の祖母の部屋を訪ねると、祖母は読んでいた本から目を上げてこう言った。「あらジェイソン、太ったわね」。老人と幼い子供は真実を突く。そうでない人々は、気を遣って曖昧なことしか言わない。

20キロというとかなりの重さに思えるが（なにしろ幼稚園児ひとりぶんだ）、落とすのが不可能な数字ではない。実際、彼には経験があった。ダイエットを試みる人はたいてい、何度もダイエットを試みる。ジェイソンもそんなひとりで、今回が初めての試みではなかった。

残念なことに、44歳となった彼の身体についた贅肉はしぶとかった。8週間の努力もむなしく、ちっとも体重が落ちない。パーソナルトレーナーを雇い、以前よりも走る時間を増やし、食事にも気を配り、毎朝必ず体重計に乗ったが、針は1目盛りも動かなかった。

これを見た瞬間、たいていの人は進歩を振り返る気が失せる。目標を達成するまでの道のりが長すぎると感じたり、求める成果がなかなか見えなかったりすると、人は自分の努力を顧みたときに失望する。

「ダイエットをしても効果が表れていないじゃないか」「昇進はありえない」「自分の望むペースで執筆が進んでいない」……。

完璧主義はこうしたことを指摘して、「いまがやめどきではないか」とささやきかける。すると、目標自体がバカげていたような気持ちになる。そもそもなぜやり遂げたいと思ったのか。満足に進歩もできないくらいなら、何もしないほうがマシだと考える。このように、進歩の振り返り方を誤ると、人は挫折してしまう。


うまくいかないからといって、投げだしてはいけない。そこを耐えて修正するのだ。完璧主義は大声で、「修正だと？　修正が必要なら諦めてしまえ！」と叫ぶだろう。決してその声に耳を傾けてはいけない。マラソンの途中でその声が聞こえたら、どうすればいいのか。まずは、ＧＰＳウォッチに目をやって自分のペースを確認し、地図でゴール地点に向かっていることを確認する。そのうえで、前半のペースにもとづいて、残りのペース配分を修正すればいい。

マラソンの沿道にいる観客が、ランナーに向かって「調子はどうだ？」と尋ねたとしよう。

それに対して、「知るか！　自分がどんなペースで走っているのかも、あと何キロ残っているのかも、どっちに進んでいいかもわからないんだから。でもまあ、ペースを上げて挽回するつもりだけど」と答える人は、私に言わせればマヌケだ。

進歩を振り返らないと、修正はできない。間違いから学ぶこともできない。自分の力が向上することもないので、結局はやり遂げられない。

完璧主義は、進歩に目を向けさせたくない。だから、「目を向ける必要はない」「賢い人は、地図も尺度もデータも必要としない」「現実を見るのが怖いだろう」とささやきかけてくる。私は、自分の本が出版されてから丸々1年、現実を知るのが怖くて売上データを一切見なかった。このささやきを真に受けて極端に走ると、深刻な病気が見つかるのが怖いからという理由で病院に行かない人まで出てくる。

ゴルフの練習を夜にしてはいけない

20キロのダイエットが遅々として進まないというジェイソンの苛立ちは、はっきりいってまがいものだ。苛立っていたのは事実だが、その原因がバカげている。彼の苛立ちの原因は、「前はもっとラクに痩せられたのに」というものだった。前回はすぐに体重が落ち、今回ほど大変な思いをしなかったという。

だが、前回ダイエットしたときの記録は何ひとつない。根拠となっているのは、彼の記憶と感情、そして完璧主義のささやきだけだ。ジェイソンは、前回ダイエットをしたときの記録をとっていない。よって、見直せる事実は何ひとつなかった。

さまざまな調査から、目撃証言の信憑性は非常に疑わしいと言われている。凶悪犯罪が起きた直後に、すぐ近くにいた人に話を聞くと、「犯人は間違いなく口ひげを生やしていた」と誰かが言えば、別の誰かが「口ひげは絶対になかった」と言う。また、「背が高く黒いロングコートを着ていた」と証言する人もいれば、「背は低くコートは着ていなかった」と言う人もいる。

人の記憶は絶えず勝手に編集されるので、信頼できるものではないのだ。感情も大して変わらない。だから、ジェイソンが初めてダイエットに挑んだときも、とても苦労した可能性が高い。エアロバイクを漕いでいて息が苦しくなった瞬間があっただろう。体重計に乗っても体重がほとんど変わっていない日もあったはずだ。だが、彼の感情はまったく違うストーリーを語る。

強盗に遭った翌日にそのときのことを正確に思いだすこともままならないなら、何カ月、何年も前の出来事の記憶を信頼できるわけがない。

ジェイソンが体重以外のデータも残していたら、進み具合に疑問を投げかける完璧主義を黙らせることができただろう。

彼は次のようなデータを残しておくべきだった。

- パンツのサイズ
- シャツのサイズ
- ＢＭＩ値
- ランニングした回数
- 走った距離
- 食べたもの

●トレーナーについてトレーニングした回数

これらのデータは、痩せたかどうかの証明や（例：パンツのサイズ）、努力の証明（例：ランニングした回数）になる。

何かを最後までやり切ろうとしていても、今後に役立つデータを残しておく人はほとんどいない。残念ながら、ジェイソンもそんなひとりだった。

では、データを集めたらどうなるのか。ここからは、データを見直したらどうなるかを、夜にゴルフをしてはいけない理由とともに見ていくとしよう。

私はゴルフをするが、とりわけプレーするのが好きというわけではない。いまは、2年に1回コースに出ている。妻の親戚と感謝祭を過ごすと、必ずゴルフをするのだ。あるとき、18ホール回るあいだに、私はボールを19個なくした。以来、妻のおじは、池の底から拾いだされたレンジボール（練習用ボール）を私のために山ほど持ってきてくれる。

私はそのおじからいつもゴルフクラブを借りるのだが、昨年はゴルフバッグではなく、結束バンドでくくられた一握りのアイアンを手渡された（一瞬、スポーツ用品店から奪ってきたのかと思った）。会員制のゴルフ場に行って、結束バンドでくくられたゴルフクラブをカート係に渡す以上に格式ある行為があるだろうか？　おっと、バカにするのは待ってもらおう。結束バンドは最高の品だった。

私はゴルフがうまくない。夜しか練習しない人と同レベルだと思えばいい。ジャーナリストのマシュー・サイドは著書『失敗の科学』で、上達したいなら夜にゴルフを練習しても意味がないと指摘している。「日中ではなく夜、それも真っ暗闇のなかで練習しているとしよう。それでは、10年、いや1万年練習したところで、ちっとも上達しないだろう。どこにボールが着地したかもわからないまま、どうやってうまくなるというのか。（中略）そんなことをしていても、精度を上げるためのデータは何ひとつ手に入らない」（注21）

夜にゴルフを練習しているという人がいたら、この人には自分の電話番号を教えたくないと思うのではないか。まだ使ったことのない通話サービスを試すにはいいかもしれないが。

夜に練習する人を愚かだと思うのは、いくら練習しても上達しないからだ。暗闇のなかで完璧に打つ練習を毎晩繰り返しても、ティーからボールが離れたとたんに見失ってしまうのだから、ゴルフの腕が上達するわけがない。

目標を達成する場合も同じだ。たいていの人は、何か行動を起こしたとたん、日々の忙しさにかまけてその努力の行く末を見失ってしまう。

ダイエット期間中にウエストが何センチ細くなったのか。体脂肪率は何パーセントになったのか。先週に比べて今週はどのくらいトレーニング時間が増えたのか。この3年で給与はいくら増えたのか。昨夏に比べて今年の夏は何ワード多く書いたのか。旅行資金はいくら貯まっているのか。今回の目標と前回の目標では、進捗に何か違いはあるのか……。こういったことを確認する人はほとんどいない。

カジノは、壁に時計がなく、窓があまりない設計になっている。これははたして偶然か？　いや、時間がわかるものを排除すれば、カジノで遊ぶ時間が長くなりやすいとわかっているのだ。時間や日が沈んだかどうかがわからない状態になると、人は目の前のことに夢中になる。カジノで有名なラスベガスは、「ベガスで起きたことはすべてベガスに残る」というフレーズでも有名だが、これにも完璧主義のにおいがする。ベガスで過ごした週末に大損をしても、日常生活はその週末の影響を受けることなく完璧なままだとでも言いたげなフレーズだ。

暗闇でゴルフをすることには、さまざまな間違いを犯すリスクがつきまとう。

ある金曜日のこと、私の会社のセールスチームが新たなオンラインコースの販売を開始した。その時点で、事前登録者リストに1200人の名前があった。つまり、コースに直接興味を示してくれた1000人以上に、販売開始をメールで知らせることができるということだ。マーケティング業界では、こうした購入の可能性がある顧客のことを「ウォームリード」と呼ぶ。

この数字を踏まえると、どの程度の売上が見込めるか。何の数値もなく夜にゴルフを練習すれば、根拠のない予想を立てることになる。ここでみなさんにも、具体的な数字を予想してもらいたい。メール受信者の10パーセントにコースが売れれば、120人が受講することになる。だが、これは少々期待が大きすぎるかもしれない。

5パーセントでも60人の受講だ。私はそうして数字を計算しながら期待に大きく胸を膨らませていた。そして、そんな私を救ってくれたのがデータだった。

社内でソーシャルメディアを担当するブライアン・アランから、私の元に次のようなメッセージが届いた。「参考までに言うと、金曜日に送る販売開始メールで実際に購入につながる割合は、0・4パーセントを超えたことがありません。最高は最初に売りだしたコースで記録した、1万3900人にメールを送ったときの55件の購入です。その後、2月に16件、5月に26件、9月に11件の購入がありました。これらのデータから、1200人にメールを送信する今回は、5件の購入を見込んでおくといいと思います」

このメッセージのおかげで、その日の購入件数が4件に終わっても、私は冷静でいることができた。数字を知らされていなかったら、失敗したと思い、購入件数の少なさに失望していただろう。だがデータがあったことで、4件でも問題ないと理解できた。完璧主義に「取り返しのつかない失敗だ」とささやかせる隙も与えなかった。

データはつねに真実を教えてくれる。データがあれば、ものごとがラクになる。使わない手はない。

✓データは最悪？

銀行口座の残高を確認しなければ、その少なさを目の当たりにして落ち込むことはない。だから残高を見ないようにしていれば、いい気分でいられる。体重計も同じだ。病院も同じだ。ガラクタであふれかえっているガレージも同じだ。夫婦間の問題だって、見ないようにすればいい。

先にも述べたように、完璧主義は実現不可能なことを目指させようと必死だ。そのためには、不可能だということを悟らせるわけにはいかない。だから、データという冷静な目が現れると、カーテンの後ろを覗けば絶望に打ちひしがれることになると脅かし、そう信じ込ませようとする。

データを見ると、口座の残高が少ないことが明らかになるが、それと同時に、自分が思っている以上にコーヒー代にお金を使っていることもわかる。自宅でコーヒーを淹れるようにすれば、旅行資金はすぐに貯まり始めるだろう。オンライン上の知り合いの常軌を逸した経済観念を、自分のものと比較することもなくなるかもしれない。自分にふさわしい目標を設定したり、お金に対する見方が一変したりすることもあるだろう。そうした変化を「楽しい」とすら思うかもしれない。

いまの段落を読んだ完璧主義は、さぞかしいまいましい気持ちだろう。

完璧主義は、「体重計に乗れば、数字を素直に受けとめられず、増えた体重にショックを受ける」といったことをささやきかける。だが数字から目をそらしていれば、いつまでたっても変われない。完璧主義は、ダイエットをするなら、雑誌の表紙を飾る現実離れした体形を目指させようとする。私は、身長が190センチ近くあるモデルの写真に、「この身体を手に入れる秘密を大公開!」といった見出しがついていると、思わずニヤリとしてしまう。そういう記事では絶対に、「両親がふたりとも190センチ以上あるので、脚の長さについては両親のおかげもあると思いますが、スクワットの回数を増やすといいですよ」といった話は出てこない。

データはつねに事実を伝える。完璧主義は、それが我慢ならない。長年にわたって事実を捻じ曲げてきた完璧主義にとって、データは憎むべき存在なのだ。データは面白くない。何の興奮も感じない。友だちでもない。

私はこれまでそう思ってきたし、ほとんどの人がそう思っているだろう。

データに耳を傾けて適切に対処しながら慎重に生きるより、データを無視して現実に起きたことに驚くフリをする人生のほうがはるかに楽しい。「適切に」という言葉を見るだけでもつまらなくなる。

私はいまでも、カロリーが表示されたメニューをレストランで初めて見たときのことを覚えている。それは、ニューヨークで開かれたカンファレンスに大勢で出席したときのことだった。私たちはレストランに入り、ワクワクしながらメニューを開いた。ちょっとしたバカンス気分でもあったので、冒険的な街で冒険気分で思うぞんぶん食べようと意気込んでいた。

しかし、各料理の隣にカロリーが書いてあるのを見たとたん、場は静まり返った。そして、当初の思惑とは違うものをみな注文した。ナイフを使わないととても攻略できないモンスターチーズバーガーは、サラダになった。焼いて細切りにされた貧弱なチキンがトッピングされ、脇にドレッシングが添えられたサラダだ。

データがその場を支配したのだ。

もちろん、レストランが悪いわけではない。レストランだって、本当はカロリーを表示したくない。法で定められているから表示しているだけだ。ベーコンとハラペーニョがたっぷりのったチーズフライは健康的でないと誰かに言われることほど、食欲とデザートの売上を減退させるものはない。

データは本当に最悪だ。

なぜこうも嫌がらせをするのか。

……いや、本当にそうだろうか？

データはあなたの一日を台無しにしようとしていたのではなく、救おうとしていたのだとしたら？

ごくわずかなデータを集めるだけでも、目標を達成する力が飛躍的に高まるとしたら？

完璧主義を始末するにはデータの活用がいちばんの近道だとしたら、どうする？

✓ データは現実の否定を嫌う

データを無視するということは、現実逃避を容認するということだ。

チーズバーガーのカロリーは、カロリーを知っていてもいなくても変わらない。カロリーが表示されているからといって、その食べ物のカロリーが増えることはない。ただ単に、その食べ物がどういうものかを教えてくれるだけだ。

カロリー表示のせいで注文を変えざるをえなくなったことに私は苛立ちを覚えたが（チーズバーガーよりサラダが好きなら、最初からサラダを頼む）、その怒りは理不尽だったと言える。

そういうことで苛立ちを覚えるのは、「無知は至福」という言い回しの一部にだけ注目するからだ。至福の部分を破壊するという点にだけ目がいって、無知の状態を正すという部分を見過ごしている。

現実逃避は、人を無知にする。

現実逃避の何がいちばん厄介かというと、逃避していることに自分自身だけが気づけないことだ。他人が逃避していれば、あっという間にわかり、気づいたことに満足する。「深刻な現実逃避に陥っている人」と言われれば、すぐに誰かの顔が思い浮かぶ。稼ぎに見合わない車に乗っている人。50回めのダイエットでも「暴飲暴食の日」を欠かさない人。一刻も早く仕事を見つける必要があるのに、6カ月たっても履歴書を1通も送っていない人。結婚すれば奇跡的にすべてがうまくいくと期待して、ろくでなしとつきあっている人（結婚してもうまくいかないときは、子づくりを考えるといい。それでたいてい解決する）。

他人の現実逃避ははっきり見えても、自分のことになると見えない。

私はこの本の最初のほうで、目標を半分にすることの大切さを説いた。なぜそうしたかというと、完璧主義が現実逃避を利用するからだ。現実から目を背けさせ、どこから手をつけていいかわからないほど大きな目標を追いかけさせようとする。水泳もランニングも自転車も大してやっていないのに、ミドルディスタンスのトライアスロンに参加したがった彼がいい例だ。

感情は判断を曇らせる。現実から目をそらせる恰好の煙幕となって、人生の見通しを悪くさせ、混乱させる。感情に霧がかかっていては、現実に起きていることがきちんと見えない。

一方、データはウソをつかない。感情に流されもしない。酔っぱらいの戯言《たわごと》のような感情に支配されることは絶対にない。

失敗は、つねに現実を否定した結果として起こる。

「ネコを次々に飼い続けて200匹に達したら、ネコたちで何でも解決するようになった。裁判制度ができて、ネココミュニティとしての日々の活動を統括する代表を選挙で決めるようになった」という話は聞いたことがない。

「仕事中にネットサーフィンをする時間が増えるほど、社内での立場が上がった」という話も聞いたことがない。

「健康を維持する秘訣？　ラードとタバコさ」という人も見たことがない。

要するに、データを無視すれば、現実逃避への道は避けられないということだ。

だが幸い、いや、幸い以上に素晴らしいことに、データは現実逃避をやっつけてくれる。つまり、失敗を防いでくれるのだ。

ただし、失敗を防げるのは、データに耳を傾けた人だけだ。

80年もののスコッチは、たぶん必要ない

食品業界に詳しい知人に、データを拒んだせいで完璧主義にとらわれてしまったレストランを知っているかと尋ねたところ、彼は笑って失敗に向かって猛ダッシュを始めたレストランの話を教えてくれた。

「22ドルの料理を出すシェフと一緒に仕事をしたときのことだ。彼は肉に13ドル、ソースに6ドル使っていた。店の照明にかかる費用、テナント料、設備の購入費、人件費もあるっていうのに、料理に19ドルかけていたんだ。ソースに6ドルだぜ！なぜそんなにかかったかというと、80年もののスコッチを使っていたんだよ」

スコッチの年代による繊細な味わいの違いがわかる舌の持ち主はほとんどいない。パナマビーチ近くのガソリンスタンドの棚に並ぶプラスチック容器に入ったスコッチと、酒店のカウンターの奥からマホガニー製の手彫りの箱に入ったスコッチの違いならわかるかもしれないが、鉛筆の削りカスの香りやエジンバラの霧深いどこか

の荒野の香りは言い当てられない。しかも、ソースの一部として使われているスコッチは、フランベもされていない。

仮に80年もののスコッチの代わりに40年ものを使ったとしても、クレームはまず起きないだろう。「おや、これは40年ものじゃないか。いますぐ先人が月を歩く前から存在した素材でソースをつくり直してくれ。とても食えたものじゃない！」という人が現れるとは思えない。

とはいえ、シェフは芸術家であり、芸術家は完璧主義の傾向が強い。このシェフもやはり、ソースのために「完璧なスコッチ」を求めていたと断言できる。それは、実現できる以上のことを完璧主義に要求されたということだ。完璧主義はそのシェフに、いちばん高価なスコッチを使うことでしか目標は達成できず、それより安いスコッチを使っても意味はないと告げたのだ。

店を閉めるかスコッチを替えるかの選択を迫られれば、どんなにかっこつけのシェフでも安いボトルに替える。

例のシェフが第４四半期のコストを下げたいと考え、それを目標とすれば、ソースに使うスコッチをどうするかは簡単に決まる。
これがデータの本質だ。データはものごとを簡単にしてくれる。

未来に向かって進むために来た道を振り返る

目標に向かっている途中、ほとんどの人はゴールラインを見つめている。これは自然なことだ。モチベーションを高める本の多くも、ゴールラインを見据えろと指南する。「振り返るな。進むのはそちらではない」「過去が未来を決めるのではない」と指摘する。**だが、ゴールラインに注目しすぎるのは危険だ。**ゴールばかり見つめていると、それまでの道のりを振り返る力がなくなる恐れがある。

こんなふうに考えるといい。目標の達成が100パーセントだとして、40パーセントにしか到達しなければ、それは失敗だ。その時点では間違いなく未達成であり、完璧主義は嬉々としてそのことを強調する。「まだ60パーセントも残っているぞ。半分にも達していないじゃないか。こりゃダメだ」

だが、ここで0パーセントのスタート地点を振り返れば、もうそこにはいないと確認できる。実際、ゼロと比べれば、40パーセントは驚くべき進歩だが、100と比べると、あまり進んでいないように思えてしまう。そんなときは振り返ればいい。スタート地点はほとんど見えない。それだけ先に進んだということだ。

振り返ったら、進歩に何か変化が生まれるのか？　それはない。振り返っても数字は変わらない。ただし、数字に対する解釈はまったく違うものになる。これで苦労している起業家は多い、とマーケティングの専門家として知られるダン・サリヴァンは言う。(注22)起業家はゴールラインに注目しすぎるだけでなく、ラインを動かす。そうやって成功の定義を変えるため、ゴールラインに到達する日が永遠に訪れないのだ。

ときには、中間地点を越えるために、自らの認識を意図的にコントロールしないといけないこともある。

私は友人のチャド・ニカジーから、認識の大切さについて教わった。チャドはトライアスロンの選手で、一度ボランティアでジェレミーという盲目の選手のサポート役を務めたことがある。（注23）水泳と自転車の話もすごかったが、私がいちばん驚いたのはランニングパートだ。

ジェレミーはレース中、チャドに向かってこう言った。「上り坂になっても教えないでほしい。僕は見えないから、上り坂だと思わない。だから、知らせないでくれ」

チャドが伝えさえしなければ、ジェレミーには上り坂だということがわからない。わからないでいるほうが、彼にとって走りやすいのだ。

とはいえ、一緒にいる誰かからされる仕打ちとして、これほどひどいことがあるだろうか？　身近にいる人を思い浮かべたら、人生で上り坂が現れるたびに教えてくれる人のほうが圧倒的に多いだろう。彼らはチャドのように、上り坂だということを隠したりしない。むしろ正直に教えてくれる。だが、これはそういう友情の話とは別物だ。

最後までやり切ろうとすることは、上り坂を走るようなものだ。ゴールは頂上にあり、走っている途中はゴールが遠くに感じる。上り坂をじっと見つめていれば、いつやる気を失ってもおかしくない。そうなれば、目標を達成する瞬間はいつまでも訪れない。「昔のドレスをもう一度着るなんて、絶対に無理だ」「すっきりときれいになったガレージに車を停められるようになることは絶対にない」「書店の棚に自分が書き上げた本が並ぶなど、夢のまた夢だ」と感じる。ゴールまでの距離が、あまりにも長すぎる。

だったら、後ろを振り返ればいい。スタート地点に目を向けよう。坂のふもとに目を向けるのだ。そうすれば、どのくらい遠くまで進んだかがわかる。どのくらい進歩を遂げたかがわかる。これまでに成し遂げたことがわかる。

ただし、具体的に把握するには、進んだところまでを測定する必要がある。

目標の到達度合いを測る23の方法

目標は測定できるものであるべきだと本能ではわかっているものの、実際に測定する人はほとんどいない。

測定というと、難解、複雑、科学的といったイメージが思い浮かぶかもしれないが、ここまで読み進めたみなさんは、少なくともひとつの尺度を手にしている。この時点で、あなたは本書を77パーセント読み終えた。すでにそれだけのことを成し遂げたうえに、ページという尺度を手にしているのだ。ページをめくる動作もしていれば、その動作も測定対象として数えることができる。

では、もっと具体的な進捗を測定したい場合はどうすればいいのか？　測定して得たデータを、目標を台無しにしようとする完璧主義という名の亡霊退治に活用するにはどうすればいいのか？

ここで、23の測定対象を紹介しよう。

1．費やした時間

これから30日のあいだに、目標を達成するためにどのくらいの時間を費やすつもりがあるだろうか？　30日間にわたって毎日15分ずつ使えば、全部で7・5時間費やすことになる。あまり多く感じないかもしれないが、目標のためにほぼ一日の勤務に相当する時間を最後に費やしたのはいつのことか、考えてみるといい。

2. 稼いだ金額

目標が仕事に関連するものなら、この30日で稼いだ金額が測定しやすい。

3. 売れた商品の数

測定対象のほとんどは、さらに複数の情報に分けることができる。商品を販売しているなら、稼いだ金額と売れた商品の個数の両方が簡単に測定できる。

4. 減った体重

体重を落とそうとしているときに、体重計以上に優れた測定機器はほかにない。

5. 身体のサイズ

体重に比べると少し手間がかかるかもしれないが、何センチ痩せたかを把握することもダイエットの助けになる。

6. ものを詰めたゴミ袋の数

友人の女性は、家を片づけると決めたときに、処分するものの数に加えて、それらを詰めて寄付したゴミ袋の数も数えたという。

7. 売った本の冊数

引っ越しのときや、本は単なる言葉の塊だという悟りを開かない限り、所有する本の多さを意識することはない。家の片づけに取り組む人の多くは、地元の古書店に売った本の冊数を数える。

8. 書き上げたページ数やワード数

本と言えば、本を書きたいと思っている人は、書き上げたページ数を測定対象にするとよい。

9. 走った距離

私は今年、合計で約1600キロ走ることになる。なぜわかるのか？　走った距離を記録する、ナイキのランニングアプリのおかげだ。このアプリでは、走行距離に応じてレベルが色分けされ、私はずっとパープルレベルだ。デジタルで称号がもらえても走った距離は同じだが、奇妙な満足感が得られる。ブルーレベルの人には勝っているという気持ちが生まれる。

10. 歩数

いまや、手首に巻くだけで歩数を教えてくれる優れた機器はたくさんある。

11. メール配信の登録者数

オンラインビジネスの類いを構築したいなら、あなたからのメール配信に登録している人の数は絶対に把握しておくべきだ。

12. SNSのフォロワー数

スナップチャットを除けば、どのSNSもフォロワー数がひと目でわかる。

13. 自炊した回数

運動量をいくら増やしても、食生活を顧みなければ意味がない。食生活は、健康的な生活を送るうえでの大事なカギのひとつだ。外食せず自炊した回数を週単位で数えるといい。

14. 貯金額

銀行口座に貯まっている金額も、尺度のひとつとなる。

15. 払い終えた借金の額

クレジットカードの明細書の厚みも、尺度のひとつとなる。何枚にもわたる分厚い明細の束を郵便配達員が息を切らして持ってくるようなら、1枚に収める方法を検討したほうがいい。

16. 配偶者とデートした回数

妻のジェニーとは、週に5回手をつないで一緒に出かけ、野原に置いた2つのかぎ爪足付きバスタブから夕日が沈むのを眺めている……とはいかず、友人から妻とのデートで完璧にエスコートした話を聞くたびに落ち込む。配偶者と過ごす時間は、有意義な時間の使いみちだ。デートした回数は忘れずに記録しよう。

17. 見込み客に連絡した回数

販売の準備がまだ整っていないビジネスの初期段階だという人は、見込み客に連絡した回数を記録しておくだけで十分だ。

18. 睡眠時間

睡眠はいま話題のトピックで、高いパフォーマンスには睡眠が欠かせないと意識する人が増えている（それにしても、なぜ気づくのにこんなにも時間がかかったのか？）。目覚まし時計で起きた時間を記録してもいいし、もっと詳細に記録したいなら、ウェアラブル機器を活用するといい。

19. 感謝やお礼を送った数

日頃から感謝の念を抱く機会は多い。今月はお礼状を何通送っただろうか?

20. 新たに増えた連絡先の数

「人脈」という言葉は嫌いかもしれないが、SNSのフォロワー数の増加とは別に、人脈を広げることが目標の一部に含まれることもある。今月新たに出会った人の数を記録しよう。

21. 不健康な食事を避けた回数

「やらなかったこと」を記録するのも面白いのではないか。たとえば、ピザを3ピース、清涼飲料水を4回我慢したら、それを記録に残そう。食べずに我慢した食べ物や飲み物のカロリーを計算したり、その食べ物を積み上げていってジャバ・ザ・

ハットみたいな怪物になるのを想像したりすれば楽しい。想像を楽しみたい人には、映画『スペースボール』がオススメだ。

22. 読んだ本の数

読書を目標にする人は多く、この記録はとてつもなく簡単だ。今月は何冊読んだ？

23. テレビを観た時間

テレビを観る時間を減らしたいなら、観た時間を記録するといい。ただでさえ簡単だが、ネットフリックスなどのストリーミング配信を好むなら、記録はますます手軽になる。

23の例をあげたが、これらはほんの一部だ。あなた独自の目標には、あなた独自の測定の形がきっとある。

目標を定めたら、測定対象を1〜3つ決めるとよい。そんな少しでいいのかと思うだろう。心配はいらない。測定がうまくいくと（必ずうまくいく）、測定対象を増やしたくなる。進歩を目にするのは楽しく、3つの進歩を見るのがこんなに楽しいなら、5つに増やせばもっと楽しくなると自然と気づく。

ただし、やりすぎは禁物だ。完璧主義は、30の項目を測定させようとするだろう。野菜の重さをグラム単位で量らせて、推奨されている量ぴったりのカリウムを摂取させようとする。そういうときは、自分にブレーキをかけること。測定するデータは1〜3つで十分だ。

過去から学べることはある

データには、未来に向かうものと過去に向かうものの2種類ある。先ほどあげた例はみな未来に向かうデータで、進んだことを記録する。とはいえ、過去に向かうデータも重要であることに変わりはなく、過去にどのような結果を残したかということも貴重な情報だ。

ここからは、何か得られることがないか過去を探るエクササイズに挑戦してみよう。次回に役立つ経験が、きっとある。ただし、あまり深く踏み込みすぎないよう気をつけてほしい。設問にとらわれて頭を悩ませるようなら、最初の３つにだけ答えて次に進めばよい。すべて完璧に答える必要はない。

それでは始めよう。

1. 前回同じ目標に取り組んだとき、何が起きたか？

この設問には正直に答えること。見栄を張る必要はない。あなた以外に、答えを目にする人は誰もいないのだから。また、古い出来事ほど記憶が曖昧になるので、できるだけ最近の出来事を思いだすほうが望ましい。終わらせたものである必要はなく、取り組んだものであればいい。

2. 同じ目標に取り組んだことがないなら、よく似た目標に取り組んだときはどうだったか？

倹約とダイエットではかなり違うと思うかもしれないが、どちらも制約があるという点は同じだ（倹約は使うお金の額を減らし、ダイエットは食べる量を減らす）。そういう意味で、学べる共通点がある。

3. 前回目標を達成しようとしたときに、誰がかかわったか？

私は「個人起業家」のような「個」を主張する言葉が嫌いだ。そんな言葉を使っていると、自分ひとりで目標に取り組まないといけないという考えがいつまでたっても消えない。ひとりで取り組む必要はない。真にひとりで起業できる人は誰もいない。メールひとつとっても、運ぶのは自分以外の誰かだ。どんな目標であっても、かかわる人や影響を及ぼす人が必ずいる。

4. 前回の目標を達成したときに、かかった時間はどのくらいか？

1カ月、1週間、6カ月……。いずれにせよ、かかった時間を知っておくと、次の目標の進捗を正確に測りやすくなる。

5. 目標を最後までやり切るのにいくら必要だったか？

目標に予算はあるだろうか？　目標を立てたら、まず必要となるのはお金ではなく時間だが、いずれお金が必要になるかもしれない。前回の目標に取り組んだときはいくらかかったか？　予算内に収めることができたか？　費用の記録で苦労することはなかったか？　予想外の出費はなかったか？

6. 目標に期限はあったか？

期限は、最後までやり切る大きな助けとなりうる。前回は期限の力を借りただろうか？　期限はあなたの助けになっただろうか？　それとも、余計なプレッシャーが生まれただろうか？

7. 目標を最後までやり切らなかったら問題になっていたか？

目標がどうなったかによって、その後の状況は変わる。やり切ってもやり切らなくても結果は同じなら、やる気は生まれない。前回目標を立てたとき、それをやり切らなかったらどうなるかをきちんと理解していただろうか？　理解していたとしたら、それは何だったか？　それがモチベーションを高めることにつながったか？

8. 目標を最後までやり切ったとき、報酬を得たか？

報酬やご褒美でやる気が生まれるタイプの人だけ答えてほしい。前回目標を達成したとき、報酬やご褒美はあったか？　最後までやり切らなかったとしたら、それは報酬に魅力を感じなかったせいか？　それとも、報酬がなかったせいでやる気が生まれなかったのか？　最後までやり切ったのは、どんな報酬があったときか？

9. 目標を最後までやり切らなかったとき、どこでつまずいたか？

私は旅先になると、健康的な食事に気を配れなくなる。はっきり言って、私の旅行にブリトーは欠かせない。とはいえ、年齢を重ねるにつれ、失敗は学ぶ機会だと実感するようになった。大事なことをやり忘れたときは、なぜ忘れたのかと自分に尋ねる。そうしないと同じ過ちを繰り返す。

10. 次はやり方を変えられるとしたら、どのように変えるか?
同じ目標にもう一度取り組むとしたら、今度はどんなやり方にしたいか?

これらの設問を通じて、できるだけ多くの情報を集めてほしい。すべては次の目標に取り組んだときに、成功する確率を最大限に上げるためだ。

このエクササイズに魔法のような力はないし、設問に答えられないからといって世界が終わるわけでもない。**強いて言うなら、やり遂げたいことがあるときは、こういう問いかけから始めるものだと覚えておくといい。**自分に質問すればするほど、データが集まれば集まるほど、やり遂げられる確率は高くなる。誤解のないように言っておくと、できるだけ多いほうがいいというだけで、「完璧」を求める必要はない。

飛行機が単なる乗り物以上の存在になるとき

過去を振り返る作業は、本当の自分を知り、目標に対する最善の取り組み方を知るうえで最善の方法だと言える。なにしろ、完璧主義は自己認識を嫌う。自分自身を理解すると、自らの限界を把握し受け入れようとするようになる。それはつまり、完璧なパフォーマンスを自分に課さなくなるということだ。ところで、自分を理解すると、飛行機に乗る回数を増やしたくなる人がいるようだ。

私には、飛行機に乗っているときが、ほかのどんな時間よりも仕事をたくさんこなすことができるという友人が3人いる。この種の主張は、立場や職業を問わずさまざまな人から聞かされてきた。

ほとんどの人は、話を聞いたらそれで終わりにする。その言葉の意味するところは何かと考えることはない。だが、優秀なフィニッシャーは、小さな話の背後に大きなアイデアは潜んでないかと模索する。飛行機に乗るとそんなに生産性が上がるのはなぜか？　機内の空気がいいのか。いや、機内ではあらゆる細菌を一度に吸い込むことになるからそれは違う。家族全員がマスクを着けている乗客を見ると、私はいつも「彼らは私の知らない何を知っているのだろう？」と不思議に思う。

最近は、機内にいつも使っている枕を持ち込むというひどく気味の悪いことが起きているが、それで生産性が上がるはずがない。私は自分のベッドに入って、「ああ、飛行機の座席にこの枕をこすりつけたほうがよく眠れるのに」と思ったことは一度もない。

ドリンクサービスも違う。ボルティモア行きの機内で、普段は1000万ドル規模の不動産を動かしている重役が、ビジネスクラスで「ジンジャエールを缶ごともらえないか」と交渉する姿ほど悲しいものはない。そういう交渉は私の専売特許だ。また、ゆったりとした座席、7段階のリクライニング機能、座席と座席のあいだにある肘置きの奪い合いも違う。ならば、飛行機のなかで生産性が上がる理由はいったい何なのか?

考えられる理由をいくつか紹介しよう。

1. 限られた量の仕事しか持ち込むことができない

地上のオフィスでは、いつでもどの仕事にも取り組むことができる。ファイリングキャビネットやデスクに囲まれ、引き出しはさまざまな仕事の資料でいっぱいだ。

一方、飛行機内に持ち込める荷物には限りがあり、座席のサイドポケットから引きだして使うテーブルは極めて小さいので、ほかのことに気が散らない。建設予定ビルのフロアプランやビルの全体像、ホワイトボード、ノートパソコンを持ち込みたくても、スペースには限りがある。つまり、機内ではほかのことに気が散らないだけでなく、持ち込む仕事も厳選せざるをえないのだ。よって機内では、偶然でも無作為でもない形で仕事に取り組むことになる。

2. 騒音のおかげでかえって集中できる

飛行機はうるさい。何トンもの金属の塊を重力に逆らわせて空に飛ばすとなると、音を静かに保つことは難しいらしい。そして、その騒音に包まれていると集中しやすいという人が大勢いる。うるさすぎることが静寂を生むのだ（この本で中国武術の極意のようなことを言うとは思ってもみなかった）。

3. インターネットへの接続が不安定で、ほかに気が散らない

私はインターネットが大好きで大嫌いだ。どんなことでもできる機会が生まれるところが大好きだが、そこが嫌いでもある。アメリカの国内線の機内では、（有料のＷｉ－Ｆｉを使う場合を除いて）インターネットに安定して接続できないことがほとんどなので、デジタルの誘惑から離れざるをえなくなる。地上でそういう時間をつくるのは、なかなか難しい。それに、機内ではメッセージの受信もできない。そのため、飛行機が着陸したとたん、メッセージが一度に送られてきてうんざりしている乗客の声をよく耳にする。「ゲーム・オブ・スローンズ」の原作者として知られるジョージ・Ｒ・Ｒ・マーティンは、１９８０年代製のワープロソフトで執筆することで、ネットに接続できない環境を自らつくっている。（注24）

4. 時間がはっきり決められている

飛行機に乗っている時間には限りがある。そして、仕事に使える時間ははっきりと決まっている。まず、空港に着いてから搭乗が始まるまでのあいだ。それから、乗客全員が乗り込むまでの数分。そしてノートパソコンを取りだし、飛行機が高度

3000メートルに到達するのを待って作業を始め、離陸が近づいたらノートパソコンをしまう。ご丁寧にも、ノートパソコンの使用をおやめくださいというアナウンスまで流れる。これほどきっちりと時間が決められている場面は、小学校以来だという人がほとんどだろう。コメディアンのディミトリ・マーティンは、この時間をプロのコメディアンとして活用しているという。「ジョークを考え始めた素人の頃は、思いついたときにノートに書きとめていた。でもそれが仕事になると、思いつくのを待つ余裕はなくなった。飛行機はいい。乗ってしまえば、『さあ、目的地に着くまでにジョークを100書きためるぞ。質より量だ』となる」(注25)

5. 知り合いがいない

飛行機が仕事に最適なのは、知り合いがいないからかもしれない。隣の席の人に自分の仕事を知ってもらいたくて、自分の写真が載った雑誌にサインするのは私くらいのものだろう。客室乗務員や隣の人との会話を避けたいなら、これ見よがしにヘッドホンをつける。そうすれば、機内にいるあいだは邪魔が入らない。「ちょっといいですか?」と話しかけられることもない。

いま説明した状況を想像すると、何かしら気づくことがあると思う。気づいたら、次はそれを行動に活かす。

とはいえ、飛行機に乗っているあいだは仕事が捗ると気づいたとしても、そのためだけに年に何度も飛行機に乗るわけにはいかない。だが、機内で仕事が捗る論理を地上での生活に適用することはできる。

たとえば、できる仕事が限られているほうが集中できるなら、ファイルをひとつだけ持ってオフィスを離れればいい。インターネットに接続できない環境のほうが望ましいなら、次のコーヒーブレイクまで携帯電話の電源を切る。

集中力や効率性を高めたいなら、どうすれば高まるかを知り、それを繰り返すことが大切だ。そうしなければ、いつまでたっても何も変わらない。

何かをやり遂げたときのことを思いだしてほしい。そのときあなたは何をしたか。

いちばん役に立ったことは何か。どんな音楽を聴いていたか。始める前にやっていたことはあるか。終えた後に必ずやっていたことはあるか。こういったことを思い返すのだ。

私に効果があることが、あなたにも効果があるとは限らない。何が効果があるかは、人によってまったく異なる。たとえば、私は自宅で仕事ができない。自宅で仕事をしていると、気分が落ち込んでどうしようもないのだ。アメリカがパジャマのまま自宅で働けるようになることを目指しているのは知っているが、私にしてみれば、ジャージを着て仕事をすることほど悲しくなることはない。ゴワゴワする麻のパンツや燕尾服はさすがに着ないが、とにかく家を出なければ仕事にならない。

こんなバカバカしいほど単純なことに、私は起業してから2年も気づかなかった。起業する前は、15年ほど会社勤めをしていたので、通勤には慣れていた。オフィスに通って働くというリズムが私に合っていた。その後起業して自宅が職場になると、仕事が進まなくなった。妻を怒らせ、宅配業者が来るとムダ話を延々と繰り広げた。なぜそんな行動に出てしまうのか、私にはさっぱりわからなかった。

だがいまならわかる。完璧主義に、「起業家は自宅で仕事をするものだ」と言いくるめられたのだ。だから、起業したにもかかわらず、自宅で働くのがつらいのは私だけで、私には何か問題があるに違いないと思い込んでしまった。

10分ほど手をとめて、「自分にとって最適な働き方はどういうものか」と問いかけていたら、私に必要なのは通勤だとすぐに気づいただろう。あまり長すぎても退屈で死にそうになるが、少なくとも数分は車に乗る時間がほしい。その間に仕事モードに切り替えるのだ。私は15年の実績があるからそうなのだと自分に言い聞かせた。自分にとって最善の働き方から目を背けてはいけない。それを知ることが、最後までやり遂げることにつながる。

30日間ハッスルに挑戦したジラーナ・テレスは、そのときに初めてちょっとした自己評価を行い、彼女には独自に編みだしたやり方が合っていると気づいた。「そのやり方で大事なタスクを62件やり切りました。やり方が違っていたら、先送りにしていたと思います。私は週ごとにタスクの進捗を記録するチャートを考案しました。その日に取り組むタスクをカレンダーに色分けして書いておくのです」

私がジラーナのやり方を取り入れれば、きっとパニックになる。「タスクをカレンダーに色分けして書いておく」や「大事な62件のタスク」といった言葉だけで、変な汗が出てくる。ジラーナに効果があったのは、彼女が自身の強みに注目し、それを行動に活かしたおかげだ。

進歩に応じて調整すべき3つの要素

前に進むデータ、後ろを振り返るデータの両方を見てきたが、データの数字が期待はずれだった場合はどうすればいい？

期待はずれの結果が表れる瞬間を、私は「完璧主義の足止め」と呼んでいる。完璧主義は、道半ばまで進んだあなたの邪魔をしたくてたまらない。新年の誓いを立てても、92パーセントの人が守れないのはなぜか？　データ集めといったことをすると、それで達成された気になってしまうからだ。データを集めても、活用しなければ意味がない。

せっかくデータを集めても、自分の望んでいた結果と違うという理由でやめる人が大勢いる。期待どおりにいかなかったことに失望し、諦めてしまうのだ。

進歩に納得がいかないときは、調整できる要素が3つある。

1. 目標
2. 期限
3. 行動

ゴールラインでもある目標は、始めたときにやり遂げると決めて設定したものだ。親戚からのひと言をきっかけにダイエットを始めたジェイソンは、体重20キロ減を目標とした。**データを見て目標にちっとも近づけていないなら、目標を少し下げることを考えてみるといい。**20キロ減という無謀な目標より、10キロ減を目指したほうが、ジェイソンには合っているかもしれない。目標を半分にすることの意義はすでに説明したとおりだ。

あるいは、期限を変えてもいい。8週間で成果が出なかったなら、次は16週間に増やすのだ。達成までの期限を延長すれば、求める成果が出る確率が飛躍的に高まる。これについても先に説明したので、もうおわかりだろう。

それから、目標を達成するための自分の行動を変えることも可能だ。これまでの成果に失望しても、ジェイソンにはこの選択肢も残っている。ダイエットのための行動を増やせばいい。たとえば、パーソナルトレーナーだけでなく、管理栄養士に食生活に関するアドバイスを求める。カロリーの高いビールやワインを断つ。運動する日数を増やす、といったことができる。

ただし、仕事に関する目標の場合は、最初の2つが調整できないことがある。データを見て目標を達成できそうにないと気づき、「ノルマとなっている売上目標を下げて、期限を倍に延ばします。クライアントの新病棟がオープンするまでに目標を達成する必要があることはわかっていますが、期限を延長したため、その期日には間に合いません」と上司に告げて、通用するはずがない。

このようなケースでは、行動の調整に全力を注いでほしい。絶対に達成しないといけない目標ならば、かける労力を大幅に増やす必要がある。その際は、完璧を求める行動が増えないよう気をつけてもらいたい。

目標が個人的なものであれば、権限はすべて自分にあるので、どの要素も簡単に調整できる。

自分を貶《おとし》めたり、以前は簡単にできたと誤解したり、途中で諦めたりしたくなったときは、3つの要素に目を向けよう。いまあなたに必要な調整は、目標、期限、行動のどれだろうか？

✔ リスが住みつくまで放っておくことなかれ

私はデータの扱いが得意なほうではないので、目にすると嫌な気持ちになることがほとんどだ。

だが、データ以上に嫌いなものがある。完璧であろうとする自分だ。私は、自分にとってベストな選択がわからず途方に暮れたくない。現実から目を背けたくない。

だが何よりも、失敗したくない。

ジョージア州のアルファレッタに住んでいたとき、我が家の屋根の隅が腐食した。初めての持ち家だったので、私はどう対処していいかわからなかった。「おや、天井に外に通じる穴が見えるぞ。まあいいか」というくらいに思っていた。

裏庭の草を刈るたびにその穴を見ていたが、穴はしだいに大きくなっていった。そうして何カ月にもわたり、屋根の隅の腐食が進むのを観察した。穴の大きさが15センチに達したとわかっても、私は何もしなかった。そう、その問題から現実逃避したのだ。本気で調べたときに、家計に余裕がないから修理できないと判明するのが怖かったのだ。

幸い、穴はひとりでにふさがった。我が家にはウルヴァリンのような治癒能力が備わっていたのだ。この家を売ってくれたネーションワイドが便宜を図ってくれたのだろう。

夢物語はこれくらいにして、現実に話を戻そう。屋根の穴の始まりは蟻だった。蟻など1匹もいなかったというのに、ある日突然、10万匹もの蟻がリビングの天井の隅に現れた。妻のジェニーは怒っていたが、蜘蛛はもちろん大歓迎で、すぐさまソファの真上に直径6メートルの巣を張り始めた。つまり、天井を揺らす蟻の巣窟に続いて、死体だらけの蜘蛛の巣まで現れたのだ。リビングの天井はさながら昆虫の**バーニングマン**[*7]と化し、蜘蛛以外にもさまざまな昆虫がやってきて、「蟻ビュッフェ」のそばに陣取るようになった。

問題が蟻だけだったら、永遠に無視したかもしれない（それほど現実逃避は強力なのだ）。だが、現実逃避を吹き飛ばす生物が現れた。リスの一家が天井裏に引っ越してきたのだ。リスが頭上の天井裏を走り回る音が聞こえては、とても安眠できない。しかも、リスの歯は永遠に衰えない。ご存じだろうか？　リスが屋根の金属を噛むのは、歯の成長に終わりがないからなのだ。といっても、こんなものは怖くも何ともなかった。

本当に怖かったのは、100ドル程度でふせげたであろう穴の修理に何千ドルもかかったことだ。それから、リスを捕まえるべく友人に寝室の天井裏に上がってもらった後にも怖い思いをした。妻のジェニーに、穴を指さしながら「ベッドから出なくても天井裏が見えて便利じゃないか」と言ってみたが、同意は得られなかった。

＊7 バーニングマン…ネバダ州の砂漠に参加者が街をつくり共同生活を営む1週間のイベント。

彼女の心は、まさに修理された穴のように固く閉ざされていた。

リスが引っ越してきてからデータに耳を傾けるのでは遅すぎる。データに耳を傾ければ、現実逃避できない。それがひいては惨事をふせぐことになる。

完璧主義はきっと、データは複雑だとささやきかけてくるに違いない。それでもデータを集めようとすれば、1ミリリットルや1秒単位、1ワード単位で数えるべきだと主張するだろう。

そんなことをする必要はない。

この章で伝えたいのは、役立つデータを1～3つ集めて活用するということだ。

何のために？　もちろん、目標を最後までやり切るためだ。

Action

1 目標に関係するデータを1～3つ記録する。

2 過去に目標を達成しようとしたときのことを振り返り、学べることがないか確認する。

3 自分にとっての「機内」を見つける。どんなやり方がいちばんあなたに合っているだろう？

4 ゴールラインまでの道のりが半分を切ったら、目標、期限、行動を調整する必要がないか確認する。

第8章

終わりの日がやってきた

✓最後のチャンス

私は、マラソンの40キロ地点でリタイアした人を見たことがない。「もうすぐ終わりだ。ゴールラインは見えているが、易易《やすやす》と終わらせたくない。だからここでやめておこう」と言っている人も見たことがない。

ゴールすることが怖いというランナーも見たことがない。

その反面、血まみれで打ちひしがれ、精魂尽き果てそうな走者が、最後の1キロでスピードを上げる姿や、這いつくばってゴールラインを越えるトライアスロン選手は何人も見ている。身体はボロボロでも、ゴールするという意志は失われていないのだ。

彼らはその瞬間のために努力を重ねてきた。その瞬間のために、トレーニングに何カ月という時間を費やしてきた。彼らにとって、それ以上に大切な瞬間はない。

ならば、スターターがその瞬間を迎えられずに苦労するのはなぜなのか？

メレディス・ブレイという女性はなぜ、最初の大学に6年通って専攻を2回変え、

6つの学校を渡り歩き、卒業が決まる試験でわざと失敗し卒業できないようにしたのか？　開胸手術を受けた後にようやく卒業したが、23年以上にわたって卒業を拒み続けたのはなぜか？

芸術家の友人が、作品づくりに6～8時間費やしながら、完成する直前にシュレッダーにかけたのはなぜか？　いまや彼女の作品には275ドルの値がつくが、なぜこの女性は作品の破壊を100回も繰り返したのか？

それは、終わりの日を迎えるのが怖いからだ。

1980年代に制作されたラブコメディの92パーセントに、空港のなかを全力で走るシーンが登場する。当時はセキュリティがそれほど厳しくなかった。空港のターミナルに行きたければ、「ターミナルから飛行機が見たい」と言えばいい。そうすれば、X線検査をする権限がない退屈そうな警備員が、バッタランなどの秘密兵器を隠し持っているかどうかもわからないまま、ひらひらと手を振って中に通してくれる。何かを尋ねられることも、肩を叩かれることも、3日間の旅行に100グラム以上のポマードが必要になる理由を説明する必要もない。

そして、心から愛する人が飛行機に乗って去ろうとしていたら、空港内を全力で走り回ることも許された。

普段は「見知らぬ人にぶつかったり、明らかに介助犬に見えない小型犬を飛び越えたりする」タイプでなくても、幸せを手にする最後のチャンスのこの日ばかりは関係ない。愛する人との関係が、この瞬間で決まるのだ。うまくいくためならどんなことだってする。もう後がないのだから。

これぞまさに、目標が達成される前日に完璧主義が感じていることだ。目標を掲げて完璧主義が現れてからずっと、完璧主義に抗ってきた。目標を半分にし、カッコウを始末した。目標を自分で楽しいものにした。そうしていよいよゴールが目前に迫った。だがそれは、完璧主義もわかっている。完璧主義にとって、すべてを台無しにするのはいましかない。ゴールそのものを潰せる最後のチャンスだと、完璧主義は目論んでいる。

だが残念ながら、ほとんどの人がそのことに気づかない。

実際、ゴール目前については話題にものぼらない。ゴールに向かう途中が大変だということは誰もが知っている。どんな努力にも停滞期はつきものだと理解しているので、停滞期があると身構える。

では、「目標の何がいちばんつらいって、ゴールラインが見えたときだ」と言っている人は見たことがあるか？　もちろんない。ゴールラインは私たちを引き寄せる磁石のようなものだと思っている。ラインを越える勢いをゴールラインからもらっている感覚に近いかもしれない。だがそれは、半分しか当たっていない。磁石は磁石でも極が反対だ。引き寄せるどころか、突き放そうとすることがほとんどだ。

ゴール目前になると、完璧主義の声はひときわ大きくなる。そうなると、正義の味方を前にした悪役のように泣き言を口にして駄々をこねることしかできなくなり、完璧主義による恐怖心の煽《あお》りがまたもや台頭することになる。

しかも、完璧主義が最後に持ちかけてくる恐怖心はどれも手強い。

✓ 完璧主義は、最後に3つの不安を煽ろうとする

終わりが近づくと、あなたにも3つのうちのどれか（あるいは3つすべて）がきっと芽生えるはずだ。

1．終わりを迎えた後に起こることへの不安

終わらせること自体に不安はなくても、終わらせた後のことを思うと怖くなることがある。たしかに、本を書き上げることと、書き上げた本がアマゾンで誰でもレビューをつけられる状態になることは別物だ。これについては、ジョン・スタインベックの『キャナリー・ロウ』に登場するヘンリーの描写を見れば完璧に理解できる（アマゾンのことが100年以上前に描かれた作品を見ればわかるというのもおかしな話だが、スタインベックにはそれだけの力があるのだ）。ヘンリーはベテランの造船技師で、長年にわたってこの仕事に就いているが、ボートを完成させたことは一度もない。もう少しで完成するというタイミングになると、ボートをバラバ

ラにしてまた一から造るのだ。ほとんどの友人が彼を変人扱いするなか、ひとりの理解者が現れた。「ヘンリーは、ボートは好きでも海が怖いのさ。（中略）ボートが好きなのは間違いない。（中略）でもボートを完成させてしまえば、周りから『水に浮かべないのか？』と言われる。促されるまま水に浮かべれば、ボートに乗ってどこかへ行かないといけなくなる。だが彼は水が嫌でたまらない。だからボートを完成させないんだよ。完成しなければ、水に浮かべる必要がないから」[注26]

ヘンリーが恐れていたのは水だった。あなたが恐れているものは何か？　もしそれが批判なら、終わらせなければ誰からも批判されることはない。それに、アイデアが生まれても、世界と共有せずベッドの下にしまいこんでおくほうがラクだ。

正直になってほしい。あなたのドックにも、造りかけのボートがいくつもあるのではないか？　水に浮かべられるようになる手前の状態を守り続けているのではないか？　そういう人は、終わらせなければ嫌な目に遭わずにすむと思っているかもしれないが、それは違う。

自分の才能を自ら葬れば、いずれ苦しむことになる。作家にならなかったら何をしていたかと尋ねられたスティーヴン・キングは、次のように答えた。「たぶん、酒に溺れて50歳前後で死んでいたんじゃないかな。結婚生活も続かなかっただろうね。才能を活かせない人生は本当につらいと思う」(注27)

ボートは水に浮かべるために造るものだが、造ったボートをどうするかは、造った後に考えればいい。完成させる前に心配する必要はない。

2. 完璧な結果が得られないことへの不安

8巻にわたるハリー・ポッターシリーズのうち、私は7・9巻までしか読んでいない。意味がわからないなら、あなたは正常だ。そのほうがいい。私はシリーズを最後まで読みたくなかった。素晴らしい結末でなかったらどうしようと怖くなったのだ。だから、最初の行を目にしてから何千ページと読み進め、最後のページにたどり着く前に読むのをやめた。最終巻はいまも本棚にあり、それを見るたびに申し訳ない気持ちになる。

だが、こういうことをしているのは私だけではない。マット・バンクもフェイスブックで、「ドラマ『ブレイキング・バッド』を全シーズン観たが、最後の4話は観ていない。最後まで観て後味の悪い思いをするのが怖くて、観るのをやめてしまった」と言っている。

本やドラマや目標でこのようなことをしてしまうのは、完璧主義が最後の口説き文句をささやきかけるからだ。最終コーナーをすぎると、その声は一段と大きくなる。「おや、もうすぐゴールじゃないか。やったな！ うまくいくことを願っているよ。そうじゃなかったら最悪だ。だってそうだろ？ 完璧じゃなかったらどんなにがっかりすることか。でもきっと大丈夫。最高の結果に終わるさ。きっとね」

その声を聞いたとたん、あなたは「ちょっと待て」と思う。完璧主義の言うとおりではないのか。もし完璧な結果じゃなかったらどうなる？

先ほど紹介した、作品をシュレッダーにかけていた女性が抱えていたのも、これと同じ不安だった。なぜ彼女は自ら作品を破壊したのか？ 「完璧にならない」と思ったからだ。完成間近にその思いにとらわれたせいで、何時間も費やした作品を自ら引き裂いたのだ。

そういう思いを抱く人はほかにもたくさんいる。書店に自分の本が並ぶのを長年夢見ていて、いざそれが実現したとき、最高の気分にならなかったら？　体重計に目標としていた数値が表示されても、変化に気づく人がひとりもいなかったら？　100万ドル稼いでも映画の主人公みたいな人生にならなかったら？

こういう疑問が生まれるのは至極まっとうなことであり、この疑問にもこれまでと同様にお答えしよう。

最後までやり切って完璧な結果が生まれることはない。完璧はありえない。何かを間違えたとかいう問題ではなく、人生とはそういうふうにいかないものなのだ。

人生が期待どおりにいくことはなく、つねに期待とどこか違うところがある。頭で思い描いた色とまったく同じにはならない。人生の節目を迎えても、予測していたのとは違う流れだったり、思っていたのと違う感情が生まれたりする。

私は、本を書き上げた瞬間が人生の節目になると思っていた。「完」と書いて、人生最高の笑顔を浮かべて原稿から立ち去る姿を思い描いていた。だが、現実にそんなことは起きなかった。書き上げた瞬間のことはまったく覚えていない。では何を覚えているのか？　完成した本の見本が送られてきたときだ。前作『やり直そう（未邦訳）』を手にしたとき、私は自宅に末娘のマクレーとふたりきりだった。届くまでのあいだ、私は取り憑かれたようにＵＰＳの配達情報を更新し続けた。それだけ待ちきれなかったのだ。

完璧は手にできないが、実はもっといいものを手にできる。サプライズだ。人生には、思いがけず嬉しい驚きが起きる。こればかりは、誰も事前に予想できない。バート・レイノルズほどの名優でも無理だ。

レイノルズが主演した映画『トランザム７０００』（注28）には台本がなく、アドリブで撮影された。監督したのはスタントマンで、この作品以前に監督経験はない。ストーリーも、レイノルズが演じたトラック運転手のバンディットと相棒のクリーダスが、ジョージアからテキサスのテクサーカナまでクアーズビールを違法に運ぶというひどいものだった。そんなものは映画ではない。ＵＰＳの配達人の仕事だ。この映画に出演しインタビューを受けたサリー・フィールドは、「これまで積み上げてきたことがすべて台無しになると思った」と答えている。

一方で、成功を期待されていた映画もあった。監督はアイアンマンシリーズでおなじみのジョン・ファヴロー。製作指揮は『アポロ13』で名声を手にしたロン・ハワード。主演はハン・ソロ（ハリソン・フォード）とジェームズ・ボンド（ダニエル・クレイグ）だ。

このまったく異なる2本の映画は、まったく違う結末を迎えた。後者の映画『カウボーイ&エイリアン』(注29)は、前評判が高かったにもかかわらずコケた。

では、『トランザム7000』はどうだったか？　1977年の映画ながら3億ドルの興行収入があったと言われていて、『スター・ウォーズ』に次ぐその年のヒット作となった。

十分な結果が得られないという完璧主義の予測は絶対に無視すべきだ。どんな結末が生まれるかは、終わってみないことには誰にもわからない。ボン・ジョヴィは、アルバムに「リヴィング・オン・ア・プレイヤー」を収録したくなかった。自分があまり好きではないのだから、ファンも好きではないと考えたのだ。過去を振り返ると、このような例がいくらでも見つかる。

3. 次に何をしたらいいかがわからないことへの不安

思うに、「王者は孤独である」という言葉は、何かをやり遂げた後に味わう「さて、どうする?」を極端に重たくした感覚を表しているのではないか。やり遂げた最初の年の「さて、どうする?」は、やり遂げたことがどうなるかがすべてだ。起業を夢見ることは、実際に行動を起こして会社を設立するよりはるかに易しい。「さて、どうする?」というのは、まったく別の目標を新たに見つけることである。何かの達成だけにとらわれていて、ある日それが達成されたら、さあどうする? 目標の達成が自分のすべてになるのは不健全であり、そういう状況はとくに危険だ。これはスポーツ選手や子役によく見受けられる。6歳から30歳まで、アメリカンフットボールがすべての人生を送ってきた人がいる。31歳になると年齢を感じるようになり、プレーの絶頂期を過ぎた。チームから外され、とたんに自分が何なのかわからなくなる。場合によっては、ラングラー・ジーンズのCMをやらされるというさらにひどいケースもある。読者のみなさんは幸い、第5章でこういうときのための備えについて学んだ。「次の目標」のリストを作成したはずだ。何を書いたか覚えているだろうか？　**いま取り組んでいる目標を達成したら、リストを取りだして確認してほしい。**ちなみに私は、ポッドキャストの配信に取り組む予定だ。**ゴールラインは、次の目標のためのスタートラインでもある。**このことに気づけば、ゴールラインはもう怖くない。ゴールを迎えても、それで終わりではない。別の新たな何かがまた始まる。

私は一度、中央アメリカの崖に立って「さて、どうする？」と悩んだことがある。そのときは大学生で、コスタリカで数週間のスペイン語研修を受けていた。ほかにも30人以上の学生が参加していて、研修が終わるという現実を前に打ちのめされた。研修が終われば、この集団は消えてなくなり、大学に戻る。戻ったらきっと、仲良くなった30人と話すことは二度とないだろう。私は崖に立って海を見下ろしながら、この悲しみを表す音楽を生みだした。研修の最後のほうにみなで集まったとき、誰もが笑い楽しむなか、私はこの集団との別れの儀を個人的に営んでいた。

こうした瞬間を迎えたのは、この一度きりではなかった。講演で話しているときも、たまにそういう気持ちになる。アトランタで1000人を前に講演したときのことだ。その講演は、5年温めていたテーマを話す特別なもので、感情の高まり具合は自分でも驚くほどだった。講演後はほかの講演者とともに食事をすることになっていたが、私がもらった住所が間違っていた。ステージを降りた10分後、私はサンドイッチチェーン店の駐車場に立っていた。店内に入ってサンドイッチを注文すると、講演を聴きにきていた5人のグループがいて、一緒に食べないかと誘われた。彼らはどこか、サンドイッチ店に来たことを哀れむかのような悲しげな顔で私を見た。そして、「どうしてここに来たのですか?」と私に尋ねた。このときは本当に惨めだった。

次はどうすればいいかわからず苦しんだ経験があるのは私だけではない。トークショーの司会者として有名なコメディアンのコナン・オブライエンのドキュメンタリー「コナン・オブライエン・キャント・ストップ」では、NBCの番組を降板してからコメディライブで国内を回る彼の姿を追っている。全編を通して、次に何をすべきかの難しさが描かれていて、とりわけニューヨークでの一場面が印象的だった。

それは、ラジオ・シティ・ミュージック・ホールでの満員御礼ライブを終えた直後のことだった。通りには、ライブを終えた彼をひと目見ようと多くの人が群がっている。すると、コナンの関係者のひとりが「あなたを表に出すわけにはいきません」と言った。それを聞いたコナンは唖然とし、「わかってないな。僕からそれをとったら何が残る？　キンドルでも読んでろと言うのか？」と返した。そして肩をすくめると、人だかりのほうへと歩いていった。(注30)

次に何をするかの答えは必要だ。それについて考えるのは当然だが、そこに完璧主義が入り込まないよう気をつけてもらいたい。完璧主義は、「抱えている目標を達成する前に完璧な答えを出さねばならない」とささやきかけてくるだろう。だがそれはありえない。いま取り組んでいることを終える前に次のことを決める必要はない。とにかく終わらせるのが先だ。

次のことを不安に思う気持ちに、いま掲げている目標を達成する喜びを奪わせてはいけない。完璧主義が語る想像上の目標に気を取られて、達成間近の目標の邪魔を許してはいけない。

ここで紹介したような不安がなくても、現実にも注意が必要だ。

目標を最後までやり切ることに比べると、新たな目標を始めることははるかに簡単だ。

終わりが近づくと、なぜかほかのことが驚くほど魅力的に思える。『オデュッセイア』でオデュッセウスを虜にしようとしたセイレーンたちは、ほかのことに目もくれなかったが、私たちの前に新たな目標が現れれば、すぐにも遭難するだろう。新たな目標に手をつけて肝心の目標を終わらせないのは、映画の予告編を100本観て実際の映画を最後まで観ないようなものだ。つかの間の興奮は味わえるが、次々に別のものに手をつけても、映画の本当のよさはわからない。

集中すべきことを見失ってはいけない。達成目前のときに、新しいことを優先してはいけない。必ず最後までやり切ること。そして最後までやり切るためには、それを後押ししてくれる誰かが必要になる。

危機を予定に組み込むことはできないが、友人を呼びだすことはできる

行き詰まりから奇跡的に脱した人を見ていると、脱することができた理由は大きく2つに分かれる。

ひとつは、人生が一変する経験。先に紹介したメレディスは、開胸手術を受けて人生は何が起こるかわからないと気づいたことで、23年たってようやく学位を取得した。

動機の原動力としてこれほど強力なものはないが、計画して手に入れることはできない。残念ながら、「死にかける方法」という章を設けることは不可能だ。壮絶な瀕死体験だけが解決策というわけではないが、映画『ゲーム』でマイケル・ダグラスが演じたキャラクターにも人生を一変させることが起きた。ダグラスが演じた、巨万の富を持ち殺伐とした人生を送るニコラスは、謎のゲームに巻き込まれ、生き

るか死ぬかの体験をする。その体験を通じて本当に大切なものに気づくのだ（最終的には、すべてはショーン・ペン演じる弟からの壮大な誕生日プレゼントだったと判明する）。

こういう体験は、石油王でもない限りできないだろう。となると、最後までやり切るための私たちに残された選択肢はひとつしかない。**友人だ。**

最後の最後で終わらせるのを本当に助けてくれるものは何かと調べていると、何度となく友人の存在が持ち上がった。

自分の作品をシュレッダーにかけた女性も、友人のありがたさを身をもって知ったひとりだ。あるとき、彼女は自分の作品を自分の手でシュレッダーにかけていると男友だちのひとりに話した。深刻に語ったわけではなく、会話のなかで何気なく口にしたのだ。

するとその友人は目を大きく見開いて、「もう絶対にシュレッダーにかけるな！」と彼女に言った。その日を境に、彼女は作品を破壊しなくなった。

このエピソードは、作品の破壊をやめないといけない理由を雄弁に語っていないところがいい。友人の男性が、ほかの芸術家の作品を見せながら、ロビン・ウィリアムズ気取りでどの作品も「いまを生きる」とはどういうことかを静かに教えてくれているのだと説くことはなかった。また、彼女のその後の活動状況を見守って、人生をやり直すこともなかった。モーガン・フリーマンではないのだから、それはそうだろう。

この男性のような存在が、私たちにはときに必要になるのではないか。

私たちは、賢明なグルが暗がりから現れて、「必死に生きるか、必死に死ぬかだ」と諭してくれることを期待している。たしかに、フリーマンに言われれば何でも素晴らしく聞こえるが、目標を達成するうえで、そこまで念のいった変化は必要ない。それほど複雑でも、大げさなものでもなくていい。

目標を最後までやり切るのに必要なのは、悪習を壊してくれる友人、つまりは作品をシュレッダーにかけるのをやめろと言ってくれる友人だ。自分が当たり前だと思い込んでいることを、「当たり前ではない」と諭してくれる友人だ。そして、あなたをネタにしてくれるトークショーの司会者だ。

トークショーの司会者を友人に持つことはたぶんこれからもないだろうが、コメディアンのクリス・ハードウィックはその友人のおかげで変わることができた。ある晩のこと、「ザ・デイリー・ショー」で司会を務めるジョン・スチュワートがクリスを話題にした。(注31) それを自宅で観ていたクリスは、その一撃に打ちひしがれた。そして、酒を断って体重を落とすと、仕事が軌道に乗り始めた。

それは簡単だったか？ もちろん違うが、この話のポイントは、同じコメディアンでもある友人のささいな言葉がきっかけになったという点だ。

目標を目指すあいだは友人が必要だ。そしていちばん必要になるのがゴール目前のタイミングなのだ。

目標の達成を支えてくれる友人を見つけよう。いや、そういう友人になることのほうが大切かもしれない。

作家のジョシュ・シップは、里親を転々とする幼少期を過ごした。そんな経験をすれば、10代で道をはずれてそのままになってもおかしくない。だが彼は、その経験から、危険な状態にある子供たちを救うことを自らの使命とした。「気にかける大人がひとりいれば、どの子も成功できる」(注32)は、彼のお気に入りのフレーズのひとつだ。私も彼の考え方に賛成で、どの子もそうだと思う。いや、子供だけでなく大人にも当てはまると言えるだろう。

人はいくつになっても、自分を信じてくれる誰かが必要なのだ。

何もややこしいことはない。難しくもない。時間もかからない。あなたの周囲にいる誰かに、シュレッダーにかけるのをやめろと言ってもらうだけでいい。

✓これまでしなかった問いかけをしてみよう

ここで、次のように自問してほしい。

「最後までやり切らないことのメリットは何か？」

こんなふうに考えたことはないだろうが、終わらせないことで得られるものは必ずある。

そうでなければ、目標を掲げて取り組み始めたのに途中でやめる、ということを繰り返すはずがない。終わらせないことで、あなたは何かを得ている。この迷路にも、どこかに必ずチーズがあるのだ。

フェイスブック上で知り合った芸術家の卵の女性は、次のようなコメントをくれた。「成功しないかもしれないと思ったとき、達成を試みることすらせずにすむなら、ありとあらゆることを受け入れます」

彼女の言葉に完璧主義を感じとっただろうか？　彼女は成功しないこと、つまりは完璧にならないことを恐れているのだ。

これは、終わらせないことで生まれるメリットの典型だ。人は、どうしてもと望めば、終わらせることができるという幻影にしがみついていられる。自分の力不足を目の当たりにするくらいなら、虚構に身を隠すことを選ぶ人はいる。友人のカーリーがバイオリンを弾こうとしないのも、この理由からだ。

「3年前にバイオリンを買ったけど、ケースから出したのは2回だけ。怖いのよ。バイオリンを始めて自分にはうまく弾けないとわかったら、いつかバイオリンを弾けるようになりたいという夢が潰《つい》えてしまう。だから、永遠にケースにしまっておけばいいと思ったの。でも、そんなのおかしいわよね」

カーリーは先の問いかけを自問したおかげで、心の奥底では自分は愚かなことをしていると気づいている。あなたにもそういうことがあるのではないか？

終わらせないことで得られるメリットのなかには、多くの人に共通するものがいくつかある。終わらせられずに苦労している3人は、それぞれ異なる理由を私に語ってくれた。その3つを紹介しよう。

1. わかっている結果を手にできる

やれば失敗するかもしれないが、やらなければ、少なくとも失敗しないということだけはわかる。

2. 自己犠牲の精神を褒めてもらえる

自分以外の誰かのために（例：子供や配偶者の目標、節目となる出来事）、自分の目標を「犠牲」にすれば、それを献身的な行為と受けとめた人から称賛される。

3. 成功したときの周囲の驚きが大きくなる

何かを成し遂げようとすれば、次に何かに挑戦したときの周囲の期待値が上がる。「何か大きなことをやる人」という評判を築くより、たまに成功したときに周囲に驚いてもらうほうがいい。

終わらせないことのメリットのほうが終わらせることのメリットより大きいという人にとって、この本は何の価値もない。

私が妻に「もっと深いつきあいのできる友人を増やしたい」と言うと、「違うでしょ」という言葉が返ってきた。

妻に真意を尋ねると、「あなたは知らない人には社交的だけど、知り合いの前ではあまり話さなくなるじゃない。出張を言い訳にして友だちづきあいから逃げているでしょ」と言われた。

本当に、私の妻は歯に衣着せずものを言う。

そして、彼女の言うとおりである。私は友だちづきあいを避けることで、他者とつながらなければ傷つけられることはないという安心感を得ていた。要は、メロドラマにありがちな「外に出れば大勢に囲まれるが家ではひとりぼっちの男性が、人間関係を構築することのリスクを受け入れられずに奮闘する物語」を地で行っていたのだ。

目標を達成するためにやむなくつきあいを断ったときもあったが、つきあいを避けることのメリットを実感しているあいだは、深いつきあいができる友人をつくるという目標を達成できずにいた。

完璧主義が私たちに見せるのは、つねに歪んでぼやけた世界だ。私は互いに傷つかないことが「完璧な友情」だと思っていた。だが、実際に友情を育もうとしない限り、それは偽物の友情でしかない。

あなたは、終わらせないことにどんなメリットを感じているだろうか?

この問いに、正直に答えてほしい。そうしたら今度は、報酬や恐怖心について見直す必要がある。

公園のシーソーを思い浮かべてほしい。**終わらせないことのメリットの反対側に、**

そのメリットを打ち破るほどの何かを持ってくれれば、メリットはメリットでなくなる。私の本を書き上げないことのメリットは、耐え難いデザインのレンタル品ではなく自分が気に入って買ったブーツを履いてスキーをするという報酬で打ち消された。

ブーツだけで足りなかったとしたら、コロラドへのスキー旅行を書き上げたご褒美にしていたと思う。あなたも終わらせないことのメリットを把握し、それに勝る接近動機や回避動機となるものを設定しよう。ゴールラインが目の前に迫っているときは、とりわけこの設定が重要になる。

ゴールを恐れているのは誰か？

目標の達成が迫っても、ビクビクする必要はない。ゴールラインは何も怖くない。これまで努力を重ねてきたのに、直前で諦めるのはあまりにももったいない。

海にボートを浮かべれば、波が立つかもしれない。芸術作品を買いたくないという人も現れるだろう。思い描いたとおりの結果が生まれるとも限らない。この期《ご》に及んできれいごとを並べるつもりはないが、最後までやり切ってみないことには、自分で決めたことをやり切ったときに生まれる喜びは味わえない。

最後までやり切るとは、自分自身との約束を守り続け、最後までやり切ったと実感することなのだ。

Action

1 ゴールを目前に控え、完璧主義が最後に煽る不安は何か見極める(なければそれでよい)。

2 目標のことを打ち明けられる友人の名前をひとり書きとめる。

3 「終わらせないことのメリットは何か?」と自分に問う。

最後に

正直に言おう。

私は週に3回は、ユーチューブで「ザ・ヴォイス」（注33）の動画を観る。それも、ブレイク・シェルトン、ファレル、グウェン・ステファニー、アダム・レヴィーンが登場するアメリカ版だけではない。関連動画をたどっていき、ついにはアルバニアで放送されている「ザ・ヴォイス」のオペラ歌手のオーディションまで楽しむようになった。こちらの司会者は、当然あのレディオン・リコだ。

「ザ・ヴォイス」を観たことがない人のために説明すると、これは歌手を発掘するオーディション番組である。

この番組は選考方法が素晴らしい。ほかのオーディション番組と違い、審査員は参加者が歌い始める時点で背を向けているため、参加者の姿が見えない。４人の審査員は、ジェームズ・ボンド映画に出てくる悪役の火山の秘密基地にあるような立派な椅子に座っている。

歌声を気に入ったら、審査員は大きなボタンを押して椅子を回転させて参加者のほうを向く。その歌声からイメージする姿をしていれば、驚きはほとんどない。オーディションが最高に盛り上がるのは、参加者が歌声からは想像もつかない容姿だったときだ。

審査員は驚きのあまり両手を上げ、ボタンを連打する。観客は座席から飛び上がり、会場全体がスタンディングオベーションに包まれる。

だから、スーザン・ボイルやポール・ポッツのような参加者が現れると楽しい。どちらもあれほどの才能があるとは思えない、ごくふつうの容姿だ。街を歩いていても、目をとめることはないだろう。ところが口を開いて歌い始めたとたん、その才能に誰もが驚嘆する。

しかし、オーディションに出場する前のポール・ポッツのように、プロへの道を断念した人が世の中には大勢いる。スーザン・ボイルのように、オーディションを受けることすらおこがましいと思い込み、風呂場でしか歌わない人が大勢いる。

そしてこの事実こそ、完璧主義が招く最悪の事態だ。

完璧主義にとらわれると、自宅にこもり、ソファから立ち上がろうとしなくなる。やりたいことにも挑戦しない。

大学に6年通いながら、最後の試験でわざと落第したほうがいいと思い込むのも、完璧主義の仕業だ。

私はあなたのことを知らない。一生会うこともないかもしれない。私の本当の身長を知る機会はたぶんないだろう。実はバスケットボール選手並みに背が高い。ググればすぐにわかる。

個人的にあなたのことは知らなくても、完璧主義に十分屈してきたということはわかる。

完璧主義に屈するのはもうやめよう。

なかには、完璧主義に屈するまでに至っていない人もいるだろう。店まで画材を買いに行くことすらできない人、キャンバスがまだ真っ白なままの人もいるかもしれない。

何が足かせとなっているかは私にはわからない。あなたがいちばん陥りやすい完壁主義の罠がどれかも、あなたが最後までやり切らない理由も私は知らない。

ただ、私にはあなたに味わってもらいたい瞬間がある。思いがけないことが起きる瞬間、審査員があなたの才能に驚いて椅子をくるりと前に向ける瞬間を、あなたにも知ってもらいたい。偽善的でちっともクールに聞こえないかもしれない。だが、クールは臆病の表れとも言えるのではないか。クールを決め込んでいると、心から大事に思っていることを素直に認められないことがある。

審査員の椅子が前を向く瞬間が、私は何よりも好きだ。だから、終わらせることには意味があると心から言える。

私たちは、「もしこんなことが起きたら……」と思いを巡らせながら生きている。さまざまなことを想像し、夢や希望を抱く。

そうして1週間がすぎ、1カ月がすぎ、1年がすぎていく。

そのあいだ、ステージは空っぽだ。マイクのスイッチも切れたまま。歌う人が誰もいないのだから、審査員の椅子が前を向くこともない。

ステージが空っぽでも、ゴールは消えない。時の流れとともにいつしか忘れ去られると思うかもしれないが、それはない。達成されていないゴールの輝きは、鈍くなることはあっても真っ暗には決してならない。映画の登場人物が、そのゴールを思いださせてくれる。この種の本や友人からの何気ないひと言が、すべてを蘇らせてくれる。

目標を追わなくなっても、それが消えることはない。亡霊となってあなたについて回る。ネット上で見知らぬ人どうしがケンカをしたり、見知らぬ人相手にすぐに頭にきて攻撃したりする人が増えたのはどうしてだと思う? 情熱を吐きだす場所がほかにないからだ。

喜びの表現を否定しても、感情は消えない。どこか別の場所に怒りとなって漏れだすだけだ。ネット上で「荒らし」と呼ばれる人の多くは、やり遂げたかった目標を最後までやり切れずに傷ついた心から生まれた。おそらくは、完璧主義に何度もやりこめられたせいで自らの目標を諦め、ほかの誰かの目標を引き裂くことにしたのだろう。

人は、目標を掲げて挑もうとする。最後までやり切ろうと行動し、失敗する。そしてまた、目標を掲げて挑む。それが人間だ。

私は、終わらせることには意味があると信じている。なぜそう信じるのか？

人の力を信じているからだ。

終わらせることには、単に最後までやり切ること以上の何かがきっとある。

いや、訂正しよう。最後までやり切ること以上の何かがたくさんある。

なぜそう言えるのか？

さまざまな目標に挑んだ人々が、最後までやり切ったときに何が起きたかを、この目でたくさん見てきたからだ。

この本で紹介したことの10分の1でも実際にやってみれば、あなたにもきっとわかる。

始めることは楽しい。

だが未来を手にするのは、最後までやり切るフィニッシャーだ。

あなたにも、そのひとりになってもらいたい。

第8章

26. John Steinbeck, Cannery Row, New York: Penguin,1992, 37. (『キャナリー・ロウ たのしい木曜日(スタインベック全集9)』井上謙治、清水氾, 小林宏行, 中山喜代市訳、大阪教育図書, 1996年)

27. Andy Greene, "The Last Word: Stephen King on Trump, Writing, Why Selfies Are Evil," *Rolling Stone,* June 16,2014, https://www.rollingstone.com/culture/culture-news/the-last-word-stephen-king-on-trump-writing-why-selfies-are-evil-116890/.

28. *Smokey and the Bandit,* directed by Hal Needham, Universal City, CA: Universal Pictures, 1977, DVD. (『トランザム7000』ハル・ニーダム監督、ユニバーサルピクチャーズ、1977年)

29. *Cowboys & Aliens,* directed by Jon Favreau, Universal City, CA: Universal Pictures and DreamWorks Pictures, 2011, DVD. (『カウボーイ & エイリアン』ジョン・ファヴロー監督、パラマウント・ピクチャーズ、2011年)

30. *Conan O'Brien Can't Stop,* directed by Rodman Flender (n.p.: Pariah, 2011).

31. Chris Hardwick, *The Nerdist Way: How to Reach the Next Level (In Real Life),* New York: Berkley Books, 2011.

32. Josh Shipp, "The Power of One Caring Adult," JoshShipp.com, joshshipp.com/one-caring-adult/.

最後に

33. *The Voice,* directed by Alan Carter, produced by John de Mol and Mark Burnett, NBC Universal. (「ザ・ヴォイス」NBC製作、プロデューサー：アラン・カーター、製作総指揮：ジョン・デ・モル、ロエル・ファン・フェルゼンによるオランダ発のオーディション番組)

12. help-portrait.com.

13. Samuel Ha, "Top 30 Greatest Cus D'Amato Quotes," MightyFighter.com, http://www.mightyfighter.com/top-30-greatest-cus-damato-quotes/

14. "The Truth About Motivation: Push, Pull, and Death," JonathanFields.com, www.jonathanfields.com/the-truth-about-motivation-push-pull-and-death/.

15. Simon Sinek, illustrated by Ethan M. Aldridge, *Together Is Better: A Little Book of Inspiration,* New York: Portfolio Penguin, 2016, 105.(『「一緒にいたい」と思われるリーダーになる。――人を奮い立たせる50の言葉』鈴木義幸訳、ダイヤモンド社、2019年)

第5章

16. Bon Jovi, "Bed of Roses," Jon Bon Jovi, Mercury, 1993, CD.(「ベッド・オブ・ローゼズ」、日本フォノグラム、1993年)

17. "Career Advice from Einstein—Is This Your Miracle Year?" Escapefromcorporateamerica.com, May 19, 2009,

18. James Andrew Miller, *Powerhouse: The Untold Story of Hollywood's Creative Artists Agency,* New York: Custom House, 2016.

第6章

19. Mike Posner, "Cooler than Me," Mike Posner, Eric Holljes, and Craig Klepto Tucker, RCA, 2010, digital download.

20. www.boxofficemojo.com/people/chart/?view=Actor&id= willsmith.htm&sort=gross&order=DESC&p=.htm.

第7章

21. Matthew Syed, *Black Box Thinking: Why Most People Never Learn from Their Mistakes—But Some Do,* New York: Portfolio Penguin, 2015, 46.(『失敗の科学 失敗から学習する組織、学習できない組織』有枝春訳、ディスカヴァー・トゥエンティワン、2016年)

22. Dan Sullivan, "Beyond the Horizon," *The Multiplier Mindset: Insights & Tips for Entrepreneurs* (blog), Strategiccoach.com, blog.strategiccoach.com/beyond-horizon/.

23. Chad Nikazy, "Why Leading a Blind Athlete Through a Triathlon Changed My Life," Trifuel.com, July 30, 2012

24. Chris Gayomali, "George R. R. Martin's Secret to Productive Writing: A DOS Computer" by Chris Gayomali, Fast Company, May 14, 2014, www.fastcompany.com/3030610/george-rr-martins-secret-to-productive-writing-a-dos-computer.

25. John Trowbridge, "Talking Irrelevance and 'Live (At the Time)' with Demetri Martin," *Huffington Post,* August 29 2015, https://www.huffingtonpost.com/entry/talking-relevance-and-live-at-this-time-with-demetri-martin_us_55e0bfb7e4b0b7a963390a5c.

原注

はじめに

1. Angela Duckworth.com, https://angeladuckworth.com/grit-scale/.

2. *30 Days of Hustle Summary Research Report,* compiled by Mike Peasley, University of Memphis, Department of Marketing & Supply Chain Management, 2016.

3. David McCullough, *The Wright Brothers,* New York: Simon & Schuster, 2015.（『ライト兄弟: イノベーション・マインドの力』秋山勝訳、草思社、2017年）

第1章

4. Timothy Ferriss, *The 4-Hour Body: An Uncommon Guide to Rapid Fat-Loss, Incredible Sex, and Becoming Super human,* New York: Crown Archetype, 2010.

5. Jack Canfield and Mark Victor Hansen, *Chicken Soup for the Soul: Unlocking the Secrets to Living Your Dreams,* New York: Simon & Schuster, 2012.

第2章

6. Daniel Kahneman, *Thinking, Fast and Slow,* New York: Farrar, Straus and Giroux, 2013, 260.（『ファスト&スロー あなたの意思はどのように決まるか？（上・下）』村井章子訳、早川書房、2014年）

7. Roger Buehler, Dale Griffin, and Michael Ross, "Exploring the 'Planning Fallacy': Why People Underestimate Their Task Completion Times," *Journal of Personality and Social Psychology 67,* no. 3 (1994): 366–81,

web.mit.edu/curhan/www/docs/Articles/biases/67_J_Personality_and_Social_Psychology_366,_1994.pdf.

第3章

8. Fast Company Staff, "Secrets Of The Most Productive People: 2016" (As told to J. J. McCorvey, "Shonda Rhimes' Rules of Work: Come into My Office with a Solution, Not a Problem,"), Fast Company, November 27, 2016, https://www.fastcompany.com/3065435/secrets-of-the-most-productive-people-of-2016.

9. Josh Davis, *Two Awesome Hours: Science-Based Strategies to Harness Your Best Time and Get Your Most Important Work Done,* New York: HarperCollins, 2015, 64–65.（『成功する人は、2時間しか働かない：結果を出すための脳と身体のピークのつくり方』西川美樹訳、徳間書店、2015年）

第4章

10. "SMART Goals; How to Make Your Goals Achievable," MindTools.com, www.mindtools.com/pages/article/smart-goals.htm.

11. Daniel F. Chambliss, "The Mundanity of Excellence: An Ethnographic Report on Stratification and Olympic Swimmers," *Sociological Theory 7,* no.1 (Spring 1989), academics.hamilton.edu/documents/themundanityofexcellence.pdf.

［著者］

ジョン・エイカフ（Jon Acuff）

アメリカのベストセラー作家＆人気ブロガー。

自称「Quitter（クイッター、すぐに辞めてしまう人）」で、8年間で8つの仕事を辞めた後、2010年に『Quitter』という本を書いてブレーク。

ニューヨーク・タイムズのベストセラー選書を含め５冊の著作がある他、個人開設ブログの読者数は400万人、ツイッターのフォロワー数は30万人以上を誇る。

企業、教育機関、教会等での講演に加え、CNNやFOXニュースといった大手メディアにも頻繁に登場している。

ベトナムに幼稚園を二カ所建設するなど、慈善活動にも熱心に取り組む。テネシー州ナッシュビルに妻とふたりの娘と暮らす。

［訳者］

花塚　恵（はなつか　めぐみ）

翻訳家。福井県福井市生まれ。英国サリー大学卒業。英語講師、企業内翻訳者を経て現職。主な訳書に『脳が認める外国語勉強法』（ダイヤモンド社）、『THE ALMIGHTY DOLLAR 1ドル札の動きでわかる経済のしくみ』（かんき出版）、『人生を変える習慣のつくり方』（文響社）などがある。東京都在住。

FINISH！必ず最後までやり切る人になる最強の方法

2019年2月27日　第1刷発行

著　者――ジョン・エイカフ
訳　者――花塚恵
発行所――ダイヤモンド社
〒150-8409　東京都渋谷区神宮前6-12-17
http://www.diamond.co.jp/
電話／03･5778･7232（編集）　03･5778･7240（販売）
装丁――――萩原弦一郎［256］
本文デザイン―大谷昌稔
製作進行――ダイヤモンド・グラフィック社
印刷――――堀内印刷所（本文）・加藤文明社（カバー）
製本――――宮本製本所
編集担当――真田友美

ISBN 978-4-478-10406-4